LE CHEVALIER
DE LA CHARRETTE
(LANCELOT)

CHRÉTIEN DE TROYES

LE CHEVALIER
DE LA CHARRETTE

(LANCELOT)

Roman traduit de l'ancien français

PAR

JEAN FRAPPIER

Professeur à la Sorbonne

2ᵉ édition revue

PARIS

LIBRAIRIE HONORÉ CHAMPION, ÉDITEUR

7, QUAI MALAQUAIS (VIᵉ)

—

1977

A la mémoire de LUCIEN FOULET

AVANT-PROPOS

———

Après ses adaptations d'Ovide et son conte *du roi Marc et d'Iseut la Blonde*, qui furent ses coups d'essai, Chrétien de Troyes avait déjà prouvé sa maîtrise et acquis sans nul doute une juste renommée avec son premier roman arthurien, *Erec et Enide*, puis avec *Cligès*, quand il entreprit, entre 1177 et 1181 probablement, le *Chevalier de la Charrette* ou *Lancelot*, en obéissant au « commandement » de sa protectrice la comtesse Marie, la fille de Louis VII, roi de France, et d'Aliénor d'Aquitaine, et la femme du comte de Champagne, Henri Ier, dit « le libéral ». Dans la dédicace de sa nouvelle œuvre à sa « dame de Champagne », Chrétien déclare avoir reçu d'elle la « matière » et le « sens », la donnée du récit et l'enseignement qui doit s'en dégager ; non sans un excès de modestie, semble-t-il, ou un peu trop d'adresse dans la louange, il ne revendique pour lui-même que l'application et le souci du travail bien fait.

Pourtant ce beau zèle ne s'est pas maintenu jusqu'au bout. En effet l'épilogue du roman nous apprend qu'environ les mille derniers vers, sur un total d'un peu plus de sept mille cent octosyllabes, furent rédigés par un « clerc » nommé Godefroi de Leigni (peut-être Lagny près de Meaux). Ce Godefroi, qui n'est pas autrement connu, a pris soin de préciser qu'il a poursuivi et terminé la tâche avec le plein accord de Chrétien, ce qui paraît impliquer une entière fidélité au plan tracé par celui-ci. Si l'on doit se féliciter que cette collaboration littéraire ait assuré l'achèvement du récit, il n'en faut pas moins regretter que Chrétien se soit résolu ou résigné, on ne sait pour quelles raisons, à s'arrêter avant la fin, car son honnête et consciencieux continuateur n'avait pas un talent égal au sien. Godefroi de Leigni est trop visiblement passé par l'école : il applique avec lourdeur les préceptes des arts poétiques. Il s'est efforcé aussi d'attraper le faire de Chrétien, mais il manque trop souvent d'invention dans les détails, de finesse et de clarté dans l'expression, de légèreté dans le maniement de l'ironie ou de l'humour. L'imitation de son modèle, dont il fait ressortir d'autant mieux l'élégance et l'originalité, ressemble à un pastiche involontaire et laborieux. Cependant l'apprenti n'est pas toujours indigne du maître : il lui est arrivé d'écrire des passages d'un tour heureux, assez brillants même, et, somme toute, il n'a pas trop endommagé ce chef-d'œuvre que reste dans son ensemble le *Chevalier de la Charrette*.

Comment Chrétien l'a-t-il construit ? On ne répondrait avec certitude à cette question que si l'on connaissait exactement la substance du récit que lui avait transmis Marie de Champagne. Par malheur on ignore tout de cette « matière ». On peut supposer cependant qu'elle constituait le sujet d'un « conte d'aventure » — pour user de l'expression qu'on lit dans le prologue d'*Erec et Enide*. Il est hors de doute au surplus que Chrétien, consciemment ou non, a repris un thème mythique étroitement apparenté à la conception celtique de l'Autre Monde, comme il ressort à l'évidence, entre autres travaux, du livre écrit en collaboration par T. P. Cross et W. A. Nitze, *Lancelot and Guenevere* (Chicago, 1930). Les variantes de ce thème, bien attesté du côté irlandais et gallois, se ramènent au schéma suivant : l'héroïne, reine ou princesse, vraisembla-

blement d'origine féerique, est enlevée à son mari, de ruse
ou de force, par un étranger mystérieux qui la revendique
et la conduit dans son pays, sorte de royaume surnaturel
et presque inaccessible ; après une quête très difficile et des
exploits surhumains, le mari reconquiert sa femme captive.
Tel est l'arrière-plan lointain du conte. Il semble permis
d'ajouter que la source immédiate de Chrétien situait
l'action dans le Somerset, au sud-ouest de l'Angleterre.
De là résultait une fusion d'éléments légendaires, vagues
par essence, et de précisions géographiques assez inattendues.
La relative complexité de cette combinaison est bien exposée, en peu de mots, dans ce passage que j'emprunte à
un ouvrage récent de M. Anthime Fourrier : « ... C'est
peut-être dans le roman du *Chevalier de la Charrette* qu'apparaît le thème [de l'Autre Monde] sous sa forme la plus nette.
On sait qu'il s'agit de l'enlèvement de Guenièvre par Méléagant qui l'emmène au royaume de Gorre, où règne son
père Baudemagus et où sont retenus prisonniers, en attendant leur libérateur, d'autres sujets du roi Arthur : royaume
apparemment insulaire ou du moins entouré de fleuves
profonds, auquel on n'accède que par le pont de l'épée,
défendu par un redoutable chevalier et des sortilèges
impressionnants, ou par le pont sous l'eau, région soumise
à une « coutume » inexorable, qui permet d'y entrer, mais
interdit d'en sortir à jamais, sauf par la défaite de Méléagant. Lancelot délivrera à la fois les captifs et la reine.
On sait en outre que Méléagant n'est autre que Melwas,
présenté bien avant Chrétien par Caradoc de Llancarvan
comme le ravisseur de la reine Guenièvre et cité par notre
poète dans *Erec* comme seigneur de « l'Ile de Voirre » ;
or, si Baudemagus tient sa cour à Bade, c'est-à-dire à
Bath en Somersetshire, il n'en reste pas moins que le
royaume de Gorre sur lequel il règne correspond très vraisemblablement à l'Ile de Verre et qu'à son tour l'Ile de
Verre se confondait avec Avalon, c'est-à-dire l'Autre
Monde celtique, identifié avec Glastonbury, également en

Somersetshire... »[1]. Quant à Lancelot du Lac, mentionné déjà dans *Erec et Enide*, héros d'un poème anglo-normand connu seulement par la traduction en moyen-haut-allemand du *Lanzelet*, mais très probablement antérieur au *Chevalier de la Charrette*, en tout cas indépendant de celui-ci, il appartenait lui aussi à la matière de Bretagne avant que Chrétien eût écrit son premier roman breton.

On devine aisément les transformations essentielles qu'il a dû apporter au thème primitif, en partie à l'instigation de la comtesse Marie. Au détriment du roi Arthur, il a fait de Lancelot le libérateur de la reine, illustrant de la sorte la doctrine de l'amour courtois, de la *fine amor* chantée par les troubadours. Le chevalier-amant l'emporte en prouesse et en valeur sur tous les autres chevaliers parce qu'il est guidé par Amour, infaillible divinité, vertu ennoblissante, et qu'il obéit avec soumission et joie aux volontés, voire aux caprices de la dame à la fois adorée et désirée. C'est dans cette conception que réside le « sen » ou l'esprit du roman. Elle aboutit à une religion de l'amour avec ses devoirs, ses épreuves, ses élans mystiques, ses grâces, ses extases, ses récompenses [2], hors des règles de la loi sociale et de la morale ordinaire, au-dessus même de l'honneur chevaleresque, comme le prouve à merveille le symbole de la charrette d'infamie.

On a des raisons de penser, d'après ses autres romans, que la *fine amor* des troubadours répugnait à la morale de Chrétien à peu près autant que l'amour adultère de Tristan et d'Iseut. Selon toute vraisemblance, il n'en a pas moins accordé une adhésion d'ordre esthétique au

---

1. A. FOURRIER, *Le courant réaliste dans le roman courtois en France au Moyen Age*, tome I, *Les débuts* (XIIe siècle), Paris, Nizet, 1960, p. 114.

2. J'ai tenté d'analyser et de définir l'éthique de la *fine amor* dans un article intitulé : *Vues sur les conceptions courtoises dans les littératures d'oc et d'oïl au XIIe siècle* ; il a paru dans les *Cahiers de Civilisation Médiévale*, IIe année, n° 2, avril-juin 1959, pp. 135-156.

sujet étrange et splendide que lui confiait Marie de Champagne. En effet le *Chevalier de la Charrette* ne souffre pas d'une comparaison avec le *Chevalier au lion* ou le *Conte du Graal*. Tout en prouvant lui aussi l'aptitude de Chrétien à se renouveler, à écrire chacun de ses romans dans une tonalité particulière, il nous permet d'admirer une fois de plus la finesse du moraliste, sa peinture ferme et nuancée de personnages variés, saisis dans leur vérité individuelle, son adresse à sonder les replis du cœur humain. A ces dons s'ajoutent l'art de la description, qu'il s'agisse de traits rapides et pittoresques ou de larges tableaux remarquables par leur mouvement et leur couleur, l'élégance de l'expression et tous les chatoiements d'un style où s'allient sans disparates la ferveur, la noblesse du ton, la préciosité, le comique et l'humour. On n'est pas moins charmé par une manière de conter qui pique la curiosité, retient l'intérêt en retardant les explications souhaitées, en laissant subsister une part d'énigme, en créant et en prolongeant une atmosphère de surprise et d'étrangeté. Du merveilleux et des paradoxes légendaires de la matière de Bretagne Chrétien a tiré subtilement un univers poétique où des éléments de féerie se mêlent à la netteté de l'observation psychologique et une vive image de la réalité. Ainsi le mystère et l'éclat se relaient dans la quête entreprise par Lancelot. Il est sûr pourtant que sous une apparence assez décousue par endroits l'œuvre a son unité fondée sur l'âme du héros volontaire et voué à l'enchantement amoureux. Cette structure un peu cachée ne va pas sans recoins ni appels discrets à un effort de pénétration.

Nous avons l'espoir que ces brèves indications aideront suffisamment nos lecteurs à mieux comprendre et goûter l'un des romans les plus dignes d'attention dans la littérature française du Moyen Age tant par sa beauté propre que par son influence égale en étendue et en renommée à celle qu'exerça le *Conte du Graal*. Qu'on veuille bien cependant nous excuser si nous renvoyons pour une infor-

mation moins incomplète aux pages que nous avons écrites
sur le *Chevalier de la Charrette* dans une étude d'ensemble
sur Chrétien de Troyes [1] comme à celles de Mario Roques
dans une attachante « Introduction » à son édition du texte [2].

* *

C'est d'après cette édition que j'ai mis le *Chevalier de
la Charrette* en français d'aujourd'hui. Je me suis d'autant
plus appliqué à réaliser ce dessein périlleux qu'à ma con-
naissance on ne l'avait encore jamais entrepris et qu'il
était juste à mes yeux de ne pas refuser plus longtemps
à Lancelot l'honneur mérité qu'on avait déjà fait à Erec,
à Cligès, à Yvain et à Perceval en traduisant les autres
romans de Chrétien [3].

1. *Chrétien de Troyes, l'homme et l'œuvre*, Paris, Hatier-Boivin (Con-
naissance des Lettres), 1957 ; nouvelle édition revue et augmentée,
1961 et 1967. Voir le chap. v, p. 124-146.
2. *Les romans de Chrétien de Troyes édités d'après la copie de Guiot
(Bibliot. Nat. fr. 794). III. Le Chevalier de la Charrette publié par
Mario Roques (Les Classiques français du Moyen Age)*, Paris, Honoré
Champion, 1958. — Je dois avouer que sur plusieurs points mon interprétation du roman diffère entièrement de celle de Mario Roques. Notamment, je crois indéfendable son idée qu'au début du récit Lancelot
obéit uniquement à son devoir de vassal en partant pour la quête de
la reine : « Il n'y a aucune raison d'affirmer, écrit-il, qu'il y ait dès le
début du roman, entre Lancelot et Guenièvre, une dilection spéciale,
pas plus que pour Erec, qui s'expose, lui aussi, gratuitement, comme
Lancelot, à de graves difficultés pour venger sa souveraine... Lancelot accomplit son devoir de vassal en assurant ses services à la reine
Guenièvre, et Guenièvre les accepte sans plus... » (*Op. cit.*, pp. XIX-XX).
Cette interprétation, suggérée probablement par une mauvaise leçon
du copiste Guiot aux vers 209-211, se trouve en contradiction totale avec
plus d'un passage, dans les mille premiers vers, et tout d'abord avec
le débat entre Amour et Raison chez Lancelot (vers 365-377). En vérité,
Lancelot aime déjà la reine avant l'événement qui marque le début
du roman : amour sans doute inavoué et apparemment sans espoir,
mais au moins deviné par Guenièvre.
3. Rappelons qu'*Erec et Enide* a été traduit par André Mary (Paris,
Gallimard) et par René Louis (Paris, Champion, 1954), *Cligès*, par

Si je me suis servi, avec profit, de l'édition des *Classiques français du Moyen Age*, qui reste à peu près constamment fidèle au ms. 794 de la Bibliothèque Nationale et par conséquent au texte du scribe Guiot (à ce qu'il semble, il avait son atelier à Provins dans la première moitié du XIIIe siècle), elle ne m'a pas toujours donné un sentiment de sécurité. Les mérites de Guiot sont certains : son écriture est soignée, il respecte en général les règles de la déclinaison, il a sauvé plus d'une fois d'authentiques leçons. On peut estimer pourtant que Mario Roques était trop enclin à lui faire confiance. Il faut à mon avis étendre à sa copie du *Chevalier de la Charrette* le jugement de M. William Roach, à propos du *Conte du Graal*, sur le ms. 794 : « C'est sans doute un manuscrit excellent, mais ce n'est certainement pas le moins arbitraire ni celui qui contient le moins de variantes individuelles et de retouches de copiste. »[1] Il suffit d'ailleurs de confronter continûment le texte de Guiot avec le reste de la tradition manuscrite pour déceler ses innovations ou se convaincre de ses défaillances, quelquefois même de ses absurdités. En fait, j'ai gardé sa leçon autant que je l'ai pu, sans vouloir le suivre jusque dans ses non-sens. Aux endroits assez nombreux — on en trouvera la liste ci-dessous — où il m'a paru nécessaire ou préférable de renoncer au manuscrit de Guiot et à l'édition de Mario Roques, j'ai adopté presque toujours le texte de l'édition W. Foerster, non exempte d'erreurs, mais fondée sur l'ensemble de la tradition manuscrite.

J'ai fait tout à l'heure allusion aux périls qui menacent un traducteur. Comment terminer cet Avant-Propos sans

---

Alexandre Micha (Paris, Champion, 1957), le *Chevalier au lion* ou *Yvain*, par André Mary (Paris, Gallimard), le *Conte du Graal* ou *Perceval*, par Lucien Foulet (Paris, Stock, Cent romans français, 1947).

1. *Le Roman de Perceval ou le Conte du Graal publié d'après le ms. fr. 12576 de la Bibliothèque Nationale par William Roach*, seconde édition revue et augmentée, Droz, Genève et Minard, Paris (*Textes littéraires français*), 1959, Introduction, p. x.

exprimer ma gratitude à M. Claude Régnier ? Me donnant des preuves nouvelles de son savoir et de sa perspi-
cacité, je puis dire aussi de son dévouement et de son amitié,
il a bien coulu contrôler ma traduction d'un bout à l'autre.
J'ai souvent bénéficié de ses remarques et de ses conseils [1].

Paris, 30 septembre 1961

J. F.

1. Quelques mots de l'ancienne langue, gardés dans ma traduction
pour d'évidentes raisons, sont expliqués à la fin de ce livre dans un
glossaire que suivent des notes utiles à l'éclaircissement de certains
passages.

AVERTISSEMENT
POUR LA DEUXIÈME ÉDITION

———

Cette nouvelle édition diffère en quelques points de la première. Le nombre des passages où j'ai renoncé à suivre le manuscrit de Guiot et l'édition de Mario Roques s'est légèrement accru. Le glossaire a reçu quelques compléments. Enfin, dans une vingtaine d'endroits, j'ai retouché ma traduction, d'ordinaire en tenant compte d'observations faites dans des comptes rendus dont je remercie les auteurs [1].

En réponse à d'autres remarques, je voudrais commenter quelque peu la façon dont j'ai compris en la circonstance ma tâche de traducteur. Bien entendu, je n'ai pas oublié que mon devoir primordial était l'exactitude, la fidélité scrupuleuse au sens du texte de Chrétien. C'est déjà là une condition difficile à remplir, tant l'ancien français abonde en pièges insoupçonnés, en « faux amis ». Mais le sens n'est pas tout dans un texte. Au sens s'ajoutent ce

———

1. Qu'il me soit permis de signaler, entre autres, les comptes rendus de Jean Konopczynski dans le *Bulletin des Jeunes Romanistes* (Strasbourg), n° 7, 1963, pp. 50-53, d'Urban T. Holmes, Jr., dans *Speculum*, XXXVIII (1963), pp. 334-338, de Pierre Gallais dans les *Cahiers de Civilisation Médiévale*, VI, 1963, pp. 63-66, de Jules Bourciez dans la *Revue des langues romanes*, LXX, 1963, pp. 300-301, de Charles Camproux dans les *Lettres Françaises*, n° 959 (3-9 janvier 1963), p. 4, de Sergio Cigada dans *Studi Francesi*, 19, 1963, pp. 127-128, de Jean Rychner dans *Romance Philology*, XVII, 3, février 1964, pp. 708-711, de Jean Dufournet dans *Le Moyen Age*, LXX, 1964, pp. 505-523.

qu'on peut appeler des harmoniques, des impondérables, surtout quand il s'agit d'un texte poétique, imagé, ayant son rythme et sa musique — et tel est le cas pour le *Chevalier de la Charrette*, à la fois poème et roman. C'est pourquoi j'ai fui une traduction trop littérale dont le péril évident est la platitude — alors que les mots et les tours qui nous paraissent plats aujourd'hui ne donnaient probablement pas la même impression aux auditeurs et aux lecteurs du XIIᵉ siècle, pour des raisons qu'il serait trop long d'exposer en détail, mais dont la plus importante est à mon avis que la valeur stylistique d'un terme, d'une expression était souvent différente au temps de Chrétien de ce qu'elle est aujourd'hui. C'est pourquoi j'ai voulu écrire ma traduction dans une prose rythmée, analogue à celle de Jean Lemaire de Belges à l'aube de la Renaissance, en vers blancs fréquents, mais non continus. C'est pourquoi il m'est arrivé de corser apparemment le langage de mon auteur, non pour écrire ambitieusement son roman dans un ton plus élevé, mais pour au contraire essayer de maintenir ma version moderne au niveau du texte ancien. Bref, j'ai tenté, à mes risques et périls, de substituer à la fidélité littérale une plus haute fidélité obtenue par un jeu nécessaire et subtil à la fois d'équivalences. Ainsi la traduction peut devenir, au-delà d'un exercice pratique de philologie, un travail d'art. Travail d'art qui doit rester au surplus une épreuve de patience. Oserai-je ajouter qu'en fait un traducteur, soucieux autant qu'on voudra d'exactitude et d'objectivité, met toujours dans sa version quelque chose de lui-même, de son tour d'esprit, de sa sensibilité, voire de son imagination ? De l'auteur traduit au traducteur, une symbiose se crée, comme pour un acteur interprétant un rôle, un virtuose un morceau de musique. Il en ira ainsi tant que les traducteurs seront des hommes, et non des machines.

Paris, 8 janvier 1967

J. F.

LISTE DES CHANGEMENTS
apportés à la copie de Guiot
et au texte de l'édition Mario Roques

Vers 3-5. Je mets comme dans l'éd. Foerster [1] une virgule à la fin du v. 3 et du v. 5.

Vers 16-20. Je ferme les guillemets après le v. 18 et non après le v. 20.

Vers 17. J'adopte la leçon *pelles* de l'éd. Foerster.

Vers 87. J'adopte la leçon *longuemant* (éd. Foerster, v. 89) à la place de *boenemant*.

Vers 209-211. J'adopte le texte de l'éd. Foerster (v. 211-213) :

> « Ha ! ha ! se vos le sëussiez,
> Ja, ce croi, ne me leississiez
> Sanz chalonge mener un pas ! »

Vers 300. J'adopte la leçon de l'éd. Foerster (v. 302) *poignant* à la place de *armez*.

Vers 328. J'adopte la leçon de l'éd. Foerster (v. 330) :

> Qui traïson ou murtre font

Vers 360. J'insère après ce vers les vers 363-364 de l'éd. Foerster et je lis le texte ainsi :

1. *Der Karrenritter (Lancelot) und das Wilhelmsleben (Guillaume d'Angleterre) von Christian von Troyes* herausgegeben von Wendelin Foerster, Halle, Max Niemeyer, 1899.

2

> Tantost a sa voie tenue,
> Qu'il ne l'atant ne pas ne ore.
> Tant solemant deus pas demore
> Li chevaliers que il n'i monte.

Vers 394. J'adopte la leçon de l'éd. Foerster (v. 398) *ou tu iras*.

Vers 461. J'adopte la leçon de l'éd. Foerster (v. 465) *anmi la sale*.

Vers 492. J'adopte la leçon de l'éd. Foerster (v. 496) *L'an ne l'a mie fet parer*.

Vers 499-500. Je mets, comme dans l'éd. Foerster (v. 503-504), un point à la fin du v. 499 et une virgule à la fin du v. 500.

Vers 503-507. Je mets une virgule à la fin du v. 503 après *deschauciez*, je supprime la virgule au v. 504, après *el lit*, et je corrige *sor* en *soz*, au v. 506.

Vers 1311. Je mets une virgule à la fin de ce vers.

Vers 1346. J'adopte le texte de l'éd. Foerster (v. 1358) *Qu'il vienent pres d'une fontainne*.

Vers 1546. J'adopte le texte de l'éd. Foerster (v. 1558) *Que ses pas ne cuide gaster*.

Vers 1888. J'adopte le texte de l'éd. Foerster (v. 1900) *Biaus est defors et dedanz plus*.

Vers 1904. J'adopte le texte de l'éd. Foerster (v. 1916) *ne sers ne jantis hon*.

Vers 1928. J'adopte le texte de l'éd. Foerster (v. 1940) *Qui estes vos et de quel leu ?*

Vers 2226 (éd. Foerster, v. 2238). J'adopte la leçon du manuscrit *T* (B. N. fonds français 12560) *par desus*, signalée par H. K. Stone (*Romania*, LXIII, 1937, p. 401) à la place de *par desoz*.

Vers 2324-27. J'adopte le texte et la ponctuation de l'éd. Foerster (v. 2336-39) :

> Et cil dïent : « Alons, alons !
> Que ci n'aresterons nos pas. »
> Après l'ome plus que le pas
> Vont tant qu'il vienent a l'issue...

Vers 2329-30. J'adopte le texte de l'éd. Foerster (v. 2341-42) :

> Mes maintenant que cil fu fors
> Li lessierent après le cors...

Vers 2401. J'adopte la leçon *hiaumes* de l'éd. Foerster (v. 2413) à la place de *lances*.

Vers 2503. Je mets deux points à la fin de ce vers.

Vers 2537. J'adopte le texte de l'éd. Foerster (v. 2551) *trois corz mantiaus*.

Vers 2550. J'adopte le texte de l'éd. Foerster (v. 2564) *trois ostes*.

Vers 2553. J'adopte le texte de l'éd. Foerster (v. 2567) *lor ostes* à la place de *lor oste*.

Vers 2555. J'adopte le texte de l'éd. Foerster (v. 2569) *li mandre* à la place de *li miaudres*.

Vers 2850-51. *(Et d'autre part li recomande Sor pitié et sor sa franchise.)* — Foerster a eu très probablement raison d'admettre qu'à la fin du vers 2850 on est en présence d'une lacune et d'une faute ancienne, commune à toute la tradition manuscrite (voir ses notes pour les vers 2864 et 2865 de son édition). Ma traduction de ces deux vers tente seulement de sauvegarder ce qui me paraît la suite normale des idées.

Vers 2863. J'adopte le texte de l'éd. Foerster (v. 2877) *siaut* à la place de *vialt*.

Vers 2961. J'adopte le texte de l'éd. Foerster (v. 2975) *a maint autre* à la place de *au moins autrui*.

Vers 3051-60. Je ponctue comme le fait Foerster dans son édition (v. 3065-74) : les vers 3051-59 constituent une parenthèse et le vers 3060 continue le mouvement commencé au vers 3050.

Vers 3108. J'adopte la leçon de l'éd. Foerster (v. 3122) *del pont* à la place de *el pont*.

Vers 3124-29. J'adopte le texte de l'éd. Foerster (v. 3138-43) :

> Il met sa main devant sa face,
> S'esgarde son anel et prueve,
> Quant nul des deus lions n'i trueve
> Qu'il i cuidoit avoir vĕuz,
> Qu'anchantez fu et decĕuz ;
> Car il n'i avoit rien qui vive.

Vers 3220. J'adopte la leçon de l'éd. Foerster (v. 3234) *Deus me confonde.*

Vers 3250-51. Je mets un point-virgule après *pis* à la fin du v. 3250 et une virgule après *puet* à la fin du v. 3251.

Vers 3272-74. Guiot a interverti à tort les v. 3273-74. Voir l'éd. Foerster, v. 3288-90.

Vers 3700. J'insère après ce vers les vers 3717-18 de l'éd. Foerster :

> Qu'arriere main gietes tes cos,
> Si te conbaz derrier ton dos.

Vers 3718. J'adopte la leçon de l'éd. Foerster (v. 3736) *trestorner* à la place de *chanceler*.

Vers 3738. Je supprime la virgule après *ferant*.

Vers 3740. Je supprime les points de suspension à la fin de ce vers.

Vers 3748. Je supprime la virgule à la fin de ce vers.

Vers 4232. J'adopte le texte de l'éd. Foerster (v. 4250) *Por quoi ? Doit dons mon ami nuire...*

Vers 4275-76. J'adopte le texte de l'éd. Foerster (v. 4293-94) :

> Tant que mal gré suen m'ocirra.
> Mors qui onques ne desirra...

Vers 4518. J'adopte au début du vers la leçon de l'éd. Foerster (v. 4536) *Mes*.

Vers 4554-55. Je mets une virgule à la fin du vers 4554.

Vers 4662. Comme Foerster dans son édition (v. 4680), je mets une virgule à la fin de ce vers.

Vers 4699. J'adopte la leçon de l'éd. Foerster (v. 4717) *de son cors* à la place de *de son sanc*.

Vers 4762. J'insère après ce vers les vers 4781-82 de l'éd. Foerster :

> Mout a or bele garde feite
> Mes pere qui por moi vos gueite !

Vers 4934. Je supprime la virgule à la fin de ce vers.

Vers 5040. Je mets la virgule après *biens* et non après *vient*.

Vers 5070. Je ponctue ce vers ainsi : *et dit il meïsmes :* « *Je sui...*

Vers 5152. J'adopte le texte de l'éd. Foerster (v. 5172) *Nos ne savons qu'il an a fet*.

Vers 5182. Ce vers, que Guiot a déplacé par mégarde, doit être lu après le vers 5179, comme dans l'éd. Foerster (v. 5199-5200).

Vers 5220. J'adopte le texte de l'éd. Foerster (v. 5240) *Que ja an sui prez grant piece a*.

Vers 5294. Je mets une virgule, et non un point-virgule, à la fin de ce vers.

Vers 5332. Je mets un point d'interrogation après *Ou* et une virgule à la fin du vers.

Vers 5349. J'adopte la leçon de l'éd. Foerster (v. 5369) *tuit li prison*.

Vers 5362. J'adopte la leçon de l'éd. Foerster (v. 5382) *Les dames et les dameiseles*.

Vers 5575. J'adopte la leçon de l'éd. Foerster (v. 5595) *Ja* à la place de *La*.

Vers 5690. Je mets une virgule à la fin de ce vers.

Vers 5698. Je mets une virgule à la fin de ce vers.

Vers 5739. J'adopte le texte de l'éd. Foerster (v. 5759) *Ou iert trovez ? Ou le querrons ?*

Vers 5762. Je mets un point, et non deux points, à la fin de ce vers.

Vers 5771. J'adopte la leçon de l'éd. Foerster (v. 5791) *les armes* à la place de *lor armes.*

Vers 5810. J'adopte la leçon de l'éd. Foerster (v. 5830) *Keus d'Estraus* à la place de *cuens d'Estrax.* — Keus d'Estraus est cité dans la liste des chevaliers de la Table Ronde (*Erec et Enide*, éd. Foerster, v. 1725 ; éd. Roques, v. 1695).

Vers 5830. J'adopte la leçon de l'éd. Foerster (v. 5850) *qu'ele i anvoit* à la place de *qu'ele l'anvoit.*

Vers 5852. Lire *li* et non *lit.*

Vers 5909-12. Je supprime le point-virgule à la fin du vers 5911.

Vers 5947-48. J'adopte le texte de l'éd. Foerster (v. 5967-68) :

> Li un por celui desconbrer,
> Et li autre por anconbrer.

Vers 5949. J'adopte la leçon des mss. *T F lor seignor* à la place de *lor seignors.* Voir l'apparat critique de l'éd. Foerster (v. 5969).

Vers 5973. J'adopte le texte de l'éd. Foerster (v. 5993) *Qu'il n'est riens qui armes ne port.*

Vers 6133. J'adopte la leçon de l'éd. Foerster (v. 6153) *murer* à la place de *barrer.*

Vers 6395. J'adopte le texte de l'éd. Foerster (v. 6415) *rueve* à la place de *trueve.*

Vers 6474. J'adopte la leçon de l'éd. Foerster (v. 6494) *por quoi t'i fioies* à la place de *por coi le feisoies.*

Vers 6483-84. Guiot a interverti à tort ces deux vers. Voir l'éd. Foerster, v. 6503-04.

Vers 6610. J'adopte le texte de l'éd. Foerster (v. 6630) *don puissiez croistre* à la place de *com puisse croistre*.

Vers 6648. J'adopte le texte de l'éd. Foerster (v. 6668) *s'il les reconëust* à la place de *que ele conëust*.

Vers 6767. Je lis *an cors* et non *ancors*.

Vers 6794. J'adopte la leçon de l'éd. Foerster (v. 6816) *detenant* à la place de *decevant*.

Vers 6836. Je mets de préférence une virgule à la fin de ce vers.

Vers 6933. Je mets un point à la fin de ce vers.

Vers 6938. Je mets un point d'exclamation après *trestoz* à la fin du vers.

Vers 6940. J'adopte la leçon de l'éd. Foerster (v. 6962) *qu'ainz que* à la place de *quan que*.

Vers 6980-82. J'adopte le texte de l'éd. Foerster (v. 7002-04) :

> Et as fenestres revont maint,
> La rëine, dames, puceles
> Don avuec li avoit de beles.

Vers 7076. J'adopte le texte de l'éd. Foerster (v. 7098) *an sa taille* à la place de *an s'antraille*.

LE CHEVALIER
DE LA CHARRETTE

Puisque ma dame de Champagne a pour vouloir
que j'entreprenne un conte en français, je le mettrai
de grand cœur sur le métier, en homme entièrement
à sa dévotion dans tout ce qu'il peut accomplir ici-bas,
sans lui offrir un grain d'encens. Tel autre, il est vrai,
commencerait peut-être à œuvrer en voulant placer
une flatterie en l'honneur d'elle. Il dirait — et je ne
pourrais qu'approuver — qu'elle a la primauté sur
toutes les dames d'aujourd'hui, ainsi que le zéphyr,
soufflant en avril ou en mai, surpasse en charme tous
les vents. Certes, je ne suis pas ce personnage ambitieux
d'aduler sa dame. Vais-je dire : « Autant de perles et
de sardoines vaut une pierre précieuse, autant de reines
vaut la comtesse ? » A coup sûr, je m'en abstiendrai,
bien que ce soit la vérité, en dépit de moi. Mais j'affir-
merai sans plus que son commandement agit dans cet
ouvrage avec plus d'effet que l'apport de mon talent
et de mon labeur, quels qu'ils soient. Chrétien commence
à rimer son livre sur le *Chevalier de la Charrette*. Il tient
de la comtesse, en présent généreux, la matière avec
l'idée maîtresse, et lui veille à la façon, en ne donnant
guère plus que son travail et son application.

Le roi Arthur avait tenu lors d'une Ascension une cour magnifique autant qu'il lui convint et qu'il le fallait à un roi. Après le festin il resta parmi ses compagnons. La salle foisonnait en barons. A leur assemblée s'ajoutait la présence de la reine et, j'en ai le soupçon, de belles dames courtoises, maintes et maintes, qui s'entendaient à bien parler français. Quant à Keu le sénéchal, il avait dirigé le service des tables et mangeait à son tour avec les officiers de bouche.

C'est alors que survint à la cour un chevalier brillamment équipé pour le combat, armé de pied en cap. En cet arroi il s'avança jusque sous les yeux du roi assis au milieu de ses barons :

« Roi Arthur, lui dit-il en se dispensant de le saluer, je retiens en captivité bien des chevaliers, des dames et des pucelles qui sont de ta terre et de ta maison. Mais je ne t'apporte pas de leurs nouvelles dans l'intention de te les rendre. Au contraire : je veux t'avertir que la force et l'or te font défaut pour les ravoir. Sache-le : tu mourras sans jamais pouvoir les secourir. »

Le roi répond qu'il lui faut endurer ce malheur, s'il ne peut y remédier, mais qu'il est accablé sous le poids du chagrin. Alors le chevalier a tout l'air de vouloir s'en aller. Il fait demi-tour, sans daigner plus longtemps rester devant le roi, et vient jusqu'à la porte de la salle. Mais il ne descend pas aussitôt les degrés. Il s'arrête d'abord et, du palier, lance ces mots :

« Roi, si dans ta cour il est par hasard un chevalier d'un tel mérite à tes yeux que tu oserais lui confier le soin de mener la reine sur mes pas dans ce bois où je me rends, je l'y attendrai en te promettant de libérer tous les captifs que je garde en ma terre, au cas où il m'empêcherait de la ravir en triomphant de moi et parviendrait à la remmener. »

Ce défi retentit à mainte oreille dans la salle. Un tumulte s'éleva dans la cour entière et la nouvelle arriva bientôt au sénéchal en train de manger avec les sergents. Keu interrompt son repas, court droit au roi et lui dit tout de go et sur le ton de l'indignation :

« Roi, longuement je t'ai servi dans l'honneur et la loyauté. Aujourd'hui je prends congé de toi. Je vais partir pour n'être plus de ta maison. L'envie m'est bien passée de compter désormais parmi tes serviteurs. »

A ces mots le roi lui fit grise mine. Mais quand il put trouver plus digne repartie, il lui demanda brusquement :

« Parlez-vous tout de bon ou bien plaisantez-vous ? »

— Beau sire roi, en ce moment je ne suis pas d'humeur à plaisanter. C'est tout de bon que je fais mes adieux. Voilà tout le loyer que je veux recevoir pour mon service auprès de vous. Il en est ainsi : j'ai maintenant désir de m'en aller sur l'heure.

— Cédez-vous à la colère ou à l'orgueil en voulant partir ? Sénéchal, ne rompez pas avec votre coutume et restez à la cour. Soyez-en sûr, pour vous garder, je n'ai rien ici-bas que je ne sois prêt à vous donner.

— Sire, vous me tentez en vain : je n'accepterais pas, en présent quotidien, tout un setier d'or pur. »

Le roi, désemparé, s'est approché de la reine :

« Dame, fait-il, le sénéchal, vous ne savez pas ce qu'il me demande ? Son congé. Il dit qu'on a fini de le voir à ma cour. J'ignore ses raisons. Ce qu'il me refuse, à vous il l'accordera bientôt, si vous l'en priez. Allez à

lui, ma dame chère. Puisque pour moi il ne daigne
rester, suppliez-le qu'il le fasse pour vous. Et, s'il le
faut, jetez-vous à ses pieds, car en perdant sa compagnie, je perdrais la joie à jamais. »

La reine, en envoyée du roi, se rend auprès du sénéchal qu'elle trouva fort entouré.

« Keu, lui dit-elle, après ce qu'on m'a dit de vous,
je suis très affligée, n'en doutez pas. On m'a conté, à
mon vif déplaisir, que vous voulez quitter le roi. D'où
vous vient ce dessein ? Quel sentiment vous meut ?
Dans votre attitude aujourd'hui je ne reconnais pas la
sagesse et la courtoisie que je voyais en vous à l'accou-
tumée. Je veux vous prier de rester. Keu, restez, je
vous en prie.

— Dame, excusez-moi, je ne saurais y consentir. »

La reine reprend sa prière et tous les chevaliers
joignent leur voix à la sienne, en chœur. Keu répond
qu'elle s'épuise en efforts superflus. Alors, en se laissant
aller de toute sa hauteur, elle tombe aux pieds du sénéchal. Il l'invite à se relever. Elle refuse : elle ne se remettra pas debout avant d'obtenir ce qu'elle veut. Keu
enfin d'assurer qu'il restera, pourvu que le roi se prête
par avance à sa demande et qu'elle-même en fasse
autant.

« Keu, répond-elle, n'importe quoi, nous vous l'accor-
derons, lui et moi. Allons, venez : nous lui dirons qu'à
ce prix vous êtes resté. »

Avec la reine il est venu devant le roi :

« Sire, fait-elle, j'ai retenu Keu, non sans mal. Mais
je vous le rends à une condition : vous ferez ce qu'il
dira. »

Une bouffée de joie souleva la poitrine du roi : à toute
requête il obéira.

« Sire, déclara Keu, apprenez donc ma volonté, quel don vous m'avez garanti. Oui, je me tiens pour un homme chanceux, quand je l'aurai par votre grâce. Vous m'avez confié la reine ici présente et le soin de la protéger. Nous irons au rendez-vous du chevalier qui nous attend dans la forêt. »

La joie du roi s'envole. Pourtant il revêt Keu de cette mission, car jamais dans sa vie il ne se dédit. Mais cette fois il tint sa promesse à contrecœur, il y parut bien à sa mine. Quant à la reine, elle fut elle aussi consternée. C'est l'avis de tous au palais : la revendication du sénéchal est inspirée par l'orgueil, l'outrecuidance et la déraison.

Le roi prend la reine par la main :

« Dame, lui dit-il, il vous faut sans protester vous en aller avec Keu. »

Ce dernier se récrie :

« Hé ! baillez-la-moi, vous n'avez rien à redouter. Je saurai bien la ramener, saine et sauve, en parfait état. »

Le roi la lui remet et le présomptueux l'emmène. Derrière eux chacun sort dans une alarme générale. Apprenez que le sénéchal fut bientôt sous son harnois de combat. Au milieu de la cour on amena son cheval, flanqué d'un palefroi qui n'était pas rétif et tirant sur le mors, vraie monture de reine. Elle s'en approcha. Morne, abattue, exhalant maints soupirs elle se mit en selle et dit tout bas, craignant d'être entendue :

« Ha ! vous, si vous saviez, vous ne me laisseriez pas sans résistance emmener d'un seul pas, je crois. »

Elle pensa n'avoir fait que chuchoter. Pourtant le

comte Guinable entendit, car il se tint près d'elle alors qu'elle montait sur son palefroi. Au départ, quand résonna le pas des chevaux, toute l'assistance éleva ses lamentations : il semblait que la reine fût couchée dans la bière. On ne croit pas que de sa vie elle revienne jamais. Le sénéchal, par sa démesure emporté, l'emmène où l'inconnu l'attend. Cependant cette grande affliction n'engagea personne à se mêler de les suivre.

Enfin messire Gauvain dit au roi son oncle, en confidence :

« Sire, vous avez agi comme un enfant. J'en suis bien surpris. Mais, si vous m'en croyez, durant qu'ils sont tout près encore, nous pourrions, vous et moi, les suivre avec ceux qui voudront venir. Je ne saurais me résigner à ne pas courir après eux. Il serait peu élégant de ne pas chercher à les rattraper, au moins pour arriver à savoir ce qu'il adviendra de la reine et comment Keu se comportera.

— Allons-y, beau neveu. Vous venez de parler en courtois chevalier. Puisque vous avez pris l'affaire en main, commandez qu'on sorte les chevaux, qu'on leur mette selles et freins. Il ne restera plus qu'à monter. »

Bientôt les chevaux sont là, harnachés. Le roi fut le premier en selle, après lui messire Gauvain, le reste à qui mieux mieux. Chacun voulut prendre part à l'expédition, mais chacun à sa fantaisie s'en va. Certains portaient leur armure et beaucoup d'autres non. Messire Gauvain, lui, était équipé pour le combat. En outre il fit par deux écuyers mener deux destriers en dextre. Comme pareille troupe approchait de la forêt, on vit en déboucher la monture de Keu. On la reconnut bien. Mais on remarqua aussi que les rênes de la bride étaient rompues toutes les deux. Le cheval n'avait plus de cavalier. Du sang rougissait l'étrivière et quelqu'un avait mis le troussequin de la selle en capilotade. Ce spectacle assombrit tous les fronts. On échange aussi des clins d'œil, on se pousse du coude.

Messire Gauvain chevauchait bien loin devant tous. Il ne tarda guère à voir venir un chevalier qui n'avançait qu'au pas sur un cheval harassé, haletant, tout en eau. Ce chevalier salua le premier. Son salut lui est rendu. Reconnaissant alors monseigneur Gauvain, il s'arrêta et lui dit :

« Sire, vous le voyez, mon cheval est tout trempé de sueur et si fourbu qu'il n'est plus bon à rien. Je crois que ces deux destriers sont à vous. Puis-je vous prier, à charge de revanche pour ce bon office, de me prêter ou me donner l'un d'eux, n'importe lequel ?

— Choisissez, lui répondit messire Gauvain, celui que vous préférez. »

Mais lui, pour qui la grande affaire est d'avoir une monture, il ne perd pas de temps à distinguer le meilleur par la beauté et par la taille. Il est prompt à bondir sur le destrier le plus voisin de lui et à le lancer aussitôt au galop, tandis que le cheval qu'il vient d'abandonner s'est écroulé, mort. Son maître, en ce jour, l'avait terriblement surmené.

Le chevalier ne s'attarde pas. Piquant des deux, il s'éloigne à travers la forêt. Messire Gauvain rageusement le prend en chasse. Il descendit la pente d'un coteau, et puis longtemps encore il alla. Soudain il retrouva étendu sans vie le destrier qu'il avait donné au chevalier. Autour, des chevaux avaient labouré de leurs sabots le sol que jonchaient des débris de lances et d'écus.

Sûrement, une lutte acharnée s'était livrée là entre plusieurs chevaliers. Messire Gauvain ressentit un regret amer d'arriver après la bataille. Mais l'endroit ne le retint pas beaucoup. A toute allure, il poursuit son chemin. Il lui advient enfin d'apercevoir de nouveau le chevalier. Celui-ci allait à pied, tout seul, sous son harnois de combat, heaume lacé, l'écu pendu au col, l'épée ceinte au côté. Cependant il avait rejoint une charrette.

Les charrettes en ce temps-là tenaient lieu de nos piloris. Dans chaque bonne ville, où de nos jours on les trouve à foison, alors on n'en comptait qu'une seule. Comme les piloris, cette unique charrette était commune aux félons, aux meurtriers, aux vaincus en combat judiciaire, aux voleurs qui ravirent le bien d'autrui par la ruse ou par la force au coin d'un bois. Le criminel pris sur le fait était mis sur la charrette et mené de rue en rue. Toutes les dignités étaient perdues pour lui. Désormais dans les cours on refusait de l'écouter : finies les marques d'honneur et de bienvenue ! Voilà ce que signifiaient sinistrement les charrettes en ce temps-là, et c'est pourquoi s'entendit alors pour la première fois ce dicton : « Quand charrette rencontreras, fais sur toi le signe de la croix et souviens-toi de Dieu pour qu'il ne t'arrive pas un malheur. »

Le chevalier privé de monture et de lance hâte le pas derrière la charrette et voit un nain juché sur les limons. En bon charretier il tenait dans sa main une longue houssine.

« Nain, fait le chevalier, au nom du ciel, dis-moi si par ici tu as vu passer ma dame la reine. »

Le nain vil, exécrable engeance, ne voulut pas lui en dire des nouvelles.

« Si tu veux, répond-il, monter dans ma charrette, avant demain tu pourras savoir ce que la reine est devenue. »

Là-dessus il continue d'aller sans attendre un instant le chevalier. Celui-ci tarde un peu, en tout le temps de deux pas, à suivre le conseil.

C'est pour son malheur qu'il tarda, pour son malheur qu'il eut honte et s'abstint de sauter aussitôt dans la charrette. Quel châtiment, trop cruel à son gré, il subira ! Mais Raison, en désaccord avec Amour, l'exhorte à se garder de faire un pareil saut, le sermonne et lui enseigne à ne rien entreprendre où l'opprobre s'attacherait à lui. Raison n'a son séjour que sur les lèvres : elle se risque à lui parler ainsi. Amour est dans le cœur enclos : il donne un ordre et un élan. Bien vite il faut monter dans la charrette. Amour le veut : le chevalier y bondit. Que lui importe la honte, puisque tel est le commandement d'Amour ?

Quant à monseigneur Gauvain, il galope après la charrette. En y voyant assis le chevalier, il n'en croit pas ses yeux.

« Nain, dit-il ensuite, instruis-moi du sort de la reine, si tu en sais quelque chose. »

Le nain répond :

« As-tu pour toi-même autant de haine que ce chevalier dans ma charrette assis ? Alors, monte à côté de lui, si telle est ton envie. Je vous conduirai tous les deux. »

Cette invitation, messire Gauvain la jugea insensée. Sa réponse est un franc refus. L'abominable troc, s'il échangeait contre une charrette un cheval !

« Mais va toujours, ajouta-t-il, où tu voudras. Je te suivrai où tu iras. »

Là-dessus ils continuent leur chemin. L'un chevauche et deux en charrette vont, en avançant au même train. Au crépuscule ils parvinrent à un château d'un aspect aussi puissant que beau. Par une large porte ils entrent tous les trois. A l'apparition du chevalier que voiture le nain l'étonnement se peint sur les visages. Les gens ne se bornent pas à chuchoter. Une immense huée, où s'unissent les voix des petits et des grands, des vieillards et des enfants, s'élève par les rues. Le chevalier voué au mépris s'entend abreuver d'outrages. Ce chœur retentit :

« A quel supplice livrera-t-on ce chevalier ? Sera-t-il écorché vif ou pendu, noyé ou brûlé sur un bûcher d'épines ? Dis, nain, dis, toi qu'on a chargé de le traîner, il fut surpris commettant quel crime ? Est-il convaincu de larcin ? Est-ce un meurtrier, ou un vaincu en champ clos ? »

Mais le nain garde un silence obstiné. Il ne répond ni oui ni non. Fidèlement suivi de monseigneur Gauvain, il conduit le chevalier à la demeure où il sera hébergé, un donjon sis au bout de la ville et de plain-pied avec elle. Au-delà s'étendaient des prés en contrebas, tandis que le donjon se dressait à la cime d'un rocher gris et taillé à pic. La charrrette d'abord, puis Gauvain à cheval, dans la tour sont entrés.

Ils rencontrèrent dans la salle une demoiselle en toilette pimpante et d'une beauté sans rivale au pays. Avec elle venaient deux très gentes pucelles. Dès qu'elles virent monseigneur Gauvain, d'une mine riante, elles l'ont salué. Puis s'informant du chevalier :

« Nain, demandèrent-elles, de quelle faute s'est rendu

coupable ce chevalier que tu conduis comme s'il était perclus ? »

Le nabot ne daigna donner d'explication. De la charrette il fait descendre le chevalier, et puis s'en va. On ne sut où il se rendit.

Lors messire Gauvain descend de son cheval. Aussitôt s'avancent des valets pour ôter leur armure aux deux arrivants. La demoiselle leur fit apporter deux manteaux fourrés de petit-gris qu'ils mirent sur leurs épaules. A l'heure du souper, une chère exquise les attendait. L'hôtesse eut monseigneur Gauvain pour son voisin de table. C'est bien à tort qu'ils auraient voulu échanger cette hospitalité contre une autre, avec l'espoir de trouver mieux, car tout le long de la soirée la demoiselle leur prodigua de grands égards et leur tint charmante compagnie.

La fin du souper approchait. Au milieu de la salle on prépara deux lits, hauts et longs, tout près d'un troisième encore plus luxueux, et déjà dressé. Celui-ci offrait tout le confort imaginable en un lit, selon ce qu'affirme le conte. Au moment du coucher la demoiselle emmena ses deux hôtes. Leur montrant les deux beaux lits spacieux :

« C'est pour votre agrément, dit-elle, que sont prêts ces deux lits, les moins proches de nous. Mais dans celui qui est placé de ce côté ne saurait se coucher qui ne l'a mérité. Il n'est pas fait pour vous. »

Le chevalier sur la charrette arrivé ne resta pas sans lui répondre. Pour l'interdiction que prononçait la demoiselle il n'eut qu'un souverain mépris.

« Ne me cachez pas, lui dit-il, pourquoi ce lit nous est défendu. »

Elle répliqua sans avoir à réfléchir, car sa riposte était déjà trouvée :

« Il ne vous convient pas, à vous, de poser des questions. Honni est dans ce monde un chevalier après avoir monté sur une charrette. Ce n'est pas raison qu'il se mêle de faire une demande comme la vôtre, et surtout qu'il prétende coucher dans ce lit. Bien vite il pourrait s'en repentir. On n'a pas ordonné de le parer si magnifiquement pour que vous y dormiez. Votre témérité vous coûterait très cher, n'en eussiez-vous que la seule pensée.

— Vous la verrez, fait-il, avant longtemps.

— Je la verrai ?

— Oui.

— Donnez-moi ce beau spectacle.

— Par mon chef, je ne sais pas qui sera le perdant. S'en fâche n'importe qui, dans ce lit je veux me coucher et prendre à loisir mon repos. »

Dès qu'il eut enlevé ses chausses, c'est dans le lit plus long et plus élevé que les deux autres d'une demi-aune qu'il se coucha sous une courtepointe en brocart jaune étoilé d'or. La fourrure qui la doublait n'avait rien de commun avec du petit-gris tout pelé. On n'y tâtait que de la zibeline. Elle aurait pu suffire à honorer un roi, la couverture sous laquelle il se mit. On n'avait certes pas employé pour ce lit chaume, paille et vieilles nattes.

A minuit, des lattes du toit jaillit comme la foudre et le fer en avant une lance qui sembla sur le point de transpercer les flancs du chevalier en le cousant à la couverture et aux draps blancs du lit où il était couché. A la lance un pennon pendait, banderole entièrement de feu. La flamme en un clin d'œil gagna la couverture, les draps et l'ensemble du lit, tandis que le fer de la lance frôle au côté le chevalier sans lui faire autre mal qu'une simple éraflure. Il s'est dressé, il éteint le feu, saisit la lance et la jette au milieu de la salle. Rien ne le convainquit de déserter son lit : il se recoucha et dormit avec un calme aussi parfait que durant son premier sommeil.

Le lendemain, à la pointe du jour, la demoiselle du donjon fit tout préparer pour la célébration de la messe et envoya réveiller ses hôtes bientôt levés. Une fois la messe chantée, le chevalier qui s'était assis sur la charrette alla dans sa mélancolie aux baies d'où la vue dominait les prés, et sur leur étendue il promenait ses yeux. La demoiselle était venue à la fenêtre voisine où messire Gauvain à l'oreille lui chuchota, un bon moment, dans un coin, je ne sais quels propos. J'ignore tout à fait le sujet de leur entretien. Mais comme ils demeuraient penchés à la fenêtre, ils voient soudain passer à travers la prairie, le long de la rivière, une bière chevaleresse emportée bon train. Un chevalier gisait dedans. A côté trois demoiselles poussaient des cris désespérés. Derrière venait une escorte. Devant chevauchait un chevalier de grande taille emmenant à sa gauche une dame à la merveilleuse beauté. Le chevalier pensif à la fenêtre la reconnut : c'était la reine. Il ne cesse un instant de la suivre des yeux, dans la contemplation et dans l'extase, aussi longtemps qu'il peut. Quand elle eut disparu, il voulut se laisser basculer dans le vide. Il glissait déjà hors de la fenêtre à mi-corps au moment où messire Gauvain l'aperçoit, le tire en arrière et lui dit :

« Sire, de grâce, calmez-vous. N'allez jamais vous

mettre pareille folie en tête. C'est bien à tort que vous
haïssez votre vie.

— Mais non, fait la demoiselle, c'est à bon droit.
Ne saura-t-on partout la nouvelle de son méchef, l'infamie de la charrette ? Certes, il doit souhaiter de périr.
Mort, il vaudrait plus que vivant. Sa vie est vouée
désormais à la déchéance et au malheur. »

Là-dessus les chevaliers demandèrent leurs armures
et s'en revêtirent. La demoiselle eut alors un beau
mouvement de courtoisie et de générosité : à celui
qu'elle avait amplement raillé et rabroué elle donna un
cheval et une lance en témoignage de sympathie et de
bon accord. Ils prirent tous deux congé de leur hôtesse
en gens courtois et bien appris. Après l'avoir saluée,
ils se dirigent du côté où s'est éloigné le cortège qu'ils
virent passer. Ce ne fut pas comme la veille : aucune
voix ne se fit entendre à leur adresse jusqu'à leur sortie
du château.

Au plus vite ils s'en vont par ces lieux où leur apparut la reine. Ils n'ont pas rejoint cependant ceux qui
l'entraînaient à bride abattue. Les prés traversés, ils
entrent dans un plessis où ils trouvent un chemin
empierré. Ils chevauchent par la forêt. On pouvait
être encore à la première heure de la journée quand
ils rencontrèrent une demoiselle à un carrefour. Ils
la saluent tous les deux et tous les deux la prient de leur
dire où la reine est menée, si elle le sait. Elle répond
en personne avisée :

« Si de vous je pouvais avoir suffisantes promesses,
je saurais bien vous indiquer le bon chemin, vous nom-

mer aussi la terre où elle va et le chevalier qui l'emmène.
Il faudrait, il est vrai, une endurance extrême à qui
voudrait entrer dans ce pays. Avant d'y parvenir,
il souffrirait mille douleurs.

— Demoiselle, dit messire Gauvain, de par Dieu je
vous le promets sans restriction : je me mettrai à votre
service aussitôt qu'il vous plaira, de tout mon pouvoir.
Mais ne me cachez pas la vérité. »

Celui qui sur la charrette monta ne, dit pas, qu'il
s'engage de tout son pouvoir. Avec la magnificence,
la force et la hardiesse qu'Amour continûment à son
fidèle accorde, il assure à la demoiselle que sans hésiter
ni craindre il promet d'accepter toutes ses conditions
et qu'il s'abandonne à sa volonté.

« Je vais donc vous renseigner, fait-elle. Par ma
foi, seigneurs, c'est Méléagant, un gigantesque chevalier,
le fils du roi de Gorre, qui l'a prise et conduite au royaume
où tous les étrangers, sans pouvoir retourner, sont
forcés de rester dans la servitude et l'exil. »

Lors celui que vous devinez de nouveau l'interroge :

« Demoiselle, où est cette terre ? Où pourrons-nous
en trouver le chemin ?

— Vous le saurez. Mais votre route sera semée d'obs-
tacles et de bien mauvais pas, apprenez-le aussi. Ce
n'est pas chose aisée qu'entrer dans ce pays sans le
congé du roi nommé Baudemagus. Pourtant l'accès
en est permis par deux passages périlleux, terrifiants.
L'un a pour nom le Pont dans l'Eau, car il est immergé
en plein courant. Sous ce pont la profondeur de l'eau
se trouve égale à sa hauteur au-dessus de lui. Rien de
moins par ici et rien de plus par là : il est exactement
au milieu. En largeur il mesure un pied et demi, pas

plus, et juste autant en épaisseur. Le régal offert par ce passage est digne à coup sûr qu'on le refuse. Il est cependant le moins dangereux ; non qu'il ne puisse arriver là nombre d'aventures dont je ne parle pas. L'autre pont, le pire de beaucoup, on ne l'a jamais franchi. Il est tranchant comme une lame. Aussi est-il appelé de tous le Pont de l'Épée. Je vous ai dit la vérité, autant qu'il est en mon pouvoir. »

Celui que vous savez lui demande encore :

« Demoiselle, daignez nous enseigner ces deux chemins.

— Celui-ci tout droit mène au Pont dans l'Eau et celui-là tout aussi droit au Pont de l'Épée. »

Aussitôt le volontaire de la charrette a dit à son compagnon :

« Sire, je vous donne le choix sans arrière-pensée. De ces deux routes prenez l'une et renoncez à l'autre en ma faveur. Vous suivrez celle que vous préférez.

— Franchement, fait messire Gauvain, ces deux passages sont périlleux et bien peu alléchants, tant l'un que l'autre. A faire un pareil choix je me sens inhabile. De quel côté prendre le bon parti, je n'en sais rien. Mais je n'ai pas le droit de reculer, puisque l'alternative est proposée par vous : le Pont dans l'Eau, j'opte pour lui.

— Il est juste alors que je m'en aille au Pont de l'Épée sans discussion. J'y consens bien volontiers. »

Il leur faut se séparer tous les trois. Du fond du cœur les deux chevaliers se sont recommandés mutuellement à Dieu. En les voyant s'en aller, la demoiselle leur dit :

« Chacun de vous doit me rendre un guerdon à mon

gré, dès le moment que je voudrai l'avoir. Gardez-vous bien de l'oublier.

— Oui, douce amie, nous nous en souviendrons », font-ils tous les deux.

Chacun s'en va sur son chemin à lui. Le chevalier de la charrette est abîmé dans sa méditation comme un sujet livré sans force et sans défense à la souveraineté d'Amour. Sous l'empire de son penser son moi s'anéantit. Il ne sait s'il existe ou s'il n'existe pas. De son nom il n'a plus souvenance. Est-il armé ? Ne l'est-il pas ? Il n'en sait rien. Il ne sait où il va, il ne sait d'où il vient. De son esprit chaque être est effacé, hormis un seul, pour lequel il oublie tout le reste du monde. A cet unique objet s'attachent ses pensées. C'est pourquoi il n'entend, ne voit, ne comprend rien.

Cependant son cheval l'emportait grand train sur le meilleur et le plus droit des chemins. En remplissant son devoir de coursier, d'aventure il l'a conduit dans une lande où se trouvait le gué d'une rivière. Sur l'autre bord un chevalier gardait le passage en harnois de combat. Lui tenait compagnie une demoiselle venue sur un palefroi. L'heure de none était bien passée déjà, et le rêveur obstiné ne se déprend toujours pas de son penser. Le cheval mourant de soif aperçoit la belle eau claire et vers elle il accourt. Sur l'autre rive une voix retentit :

« Chevalier, je suis le gardien de ce gué. Je vous défends de le franchir. »

L'homme interpellé reste sourd, car son penser abolit son ouïe. Son cheval persévère à s'élancer vers l'eau. Le gardien s'écrie qu'il lui faut détourner sa monture :

« Renonce au gué, tu feras preuve de sagesse. On ne doit point passer par là. »

Il prend son cœur à témoin que de sa lance il corrigera l'imprudent, s'il entre dans le gué. Absorbé, le songeur n'entend pas davantage. A l'instant le cheval, abandonnant la berge, a sauté, et le voilà dans l'eau s'abreuvant à longs traits. L'offensé dit que l'insolent va payer son méfait : ni son écu ni son haubert ne le garantiront du châtiment. Lors il met son cheval au galop, et puis le pousse à fond de train : il heurte le coupable et l'abat de son long au beau milieu du passage interdit. Sous le choc, la lance et l'écu jailli hors du col échappèrent d'un même envol à leur possesseur.

En sentant la mouillure de l'eau, le chevalier désarçonné sursaute et bondit tout effaré sur ses pieds, comme un dormeur arraché au sommeil. Enfin il a des oreilles et des yeux. Avec surprise il s'interroge. Qui peut bien l'avoir attaqué ? Soudain il avisa son assaillant.

« Vassal, lui cria-t-il, pourquoi m'avoir assené ce coup, dites-le-moi ? Je ne vous savais pas devant moi, je ne vous avais causé aucun tort.

— Pour sûr, ce n'est pas mon avis. Ne m'avez-vous pas tenu pour un rien du tout, quand par trois fois je vous ai interdit de traverser le gué, et encore en hurlant autant que je l'ai pu ? Allons, vous avez bien entendu qu'on vous défiait, au moins deux fois, si ce n'est trois. Pourtant vous êtes entré où je ne voulais pas. Ce n'est pas faute de vous avoir averti que je vous chargerais dès que je vous verrais chevaucher dans l'eau.

— Puissé-je être maudit si jamais je vous entendis et jamais je vous vis ! Que vous m'ayez interdit le gué, il se peut, mais j'étais renfermé dans mes pensées. Sachez-le, vous ne vous applaudiriez pas de votre fait d'armes si seulement je pouvais d'une main vous tenir par le frein.

— Et qu'arriverait-il ? Tu pourras sur-le-champ me tenir par le frein, si tu oses le prendre. Une poignée de cendre a plus de prix pour moi que ta menace et ton orgueil.

— Voilà ma plus chère ambition : advienne que pourra, je te voudrais déjà tenir comme j'ai dit. »

L'autre s'avance alors jusqu'au milieu du gué. En un clin d'œil celui qu'il avait renversé le saisit de la main gauche par la rêne et de la droite par la cuisse. Il tire, il serre inexorablement. Le patient geint, croit sentir que sa cuisse abandonne son tronc. Il supplie son bourreau de le libérer :

« Chevalier, s'il te plaît que nous nous combattions d'égal à égal, prends ton écu, ton cheval, ta lance et joute avec moi.

— Certes non, car je crois que tu t'enfuirais, sitôt que je t'aurais lâché. »

A ces mots le gardien du gué rougit de honte. Il répéta son offre :

« Chevalier, va monter tranquillement sur ton cheval. Je te promets en toute loyauté de ne pas m'esquiver. Tu m'as dit une infamie et j'en suis ulcéré. »

Cette fois il lui fut répondu :

« J'aurai d'abord la garantie de ton serment. Jure-moi, je le veux, de ne pas te sauver, de ne pas me toucher, de ne pas t'approcher de moi avant de me voir à cheval. Je t'aurai fait la charité, quand je te tiens, si je te lâche. »

L'un s'engagea sur la foi du serment, par ultime ressource ; l'autre, enfin sûr de la parole donnée, s'en va rattraper son écu et sa lance qui flottaient au fil de l'eau

et poursuivaient leur navigation, déjà loin en aval ;
puis il retourne et reprend son cheval. De nouveau en
selle, il saisit son écu par les énarmes et met sa lance
en arrêt sur l'arçon. Alors ils fondent l'un sur l'autre
au plus fort galop de leurs chevaux. Celui qui devait
défendre le gué attaque le premier l'adversaire avec
tant de furie que sa lance d'un coup vole en éclats.
D'une riposte magistrale il est expédié au milieu du
courant. Il y tombe tout plat, si bien que l'eau se referme
sur lui.

L'adroit jouteur revient aussitôt sur la rive et descend de cheval. Il renonce à son avantage, en se jugeant
de taille à chasser devant lui cent ennemis pareils.
Il tire du fourreau son brand d'acier. D'un bond l'homme
immergé s'est remis sur ses pieds. Il dégaine à son
tour sa bonne épée où flamboient des reflets. Les voilà
se ruant tous deux au combat corps à corps. De leurs
écus dorés, qu'ils tendent devant eux, ils se font un abri.
Ils manient leurs épées en ouvriers acharnés au travail,
sans avoir peur de se donner des coups terribles.

La lutte se prolonge et le chevalier de la charrette
en est tout honteux dans son cœur. Il se dit qu'il tiendra
bien mal ce qu'il a promis en entrant dans la voie qu'il
suit, vu qu'il lui faut un temps si long pour venir à
bout d'un seul chevalier. La veille encore, en quelque
vallon, cent hommes pareils contre lui, pense-t-il, n'auraient pu lui résister. Il s'attriste en voyant sa prouesse
abaissée au point que maintenant il multiplie ses coups
en pure perte et gaspille sa journée. Se jetant alors
sur l'autre, il le charge avec fureur. Le défenseur du
gué commence à lâcher pied, fuit. Il octroie le passage,
à son grand désespoir. Mais son vainqueur sans répit
le pourchasse et le force à tomber sur les mains. Le

voyageur de la charrette alors le rejoint à la course en jurant par le ciel, par la terre et par l'eau qu'il fut mal inspiré en le faisant choir dans le gué, en lui dérobant son ravissement.

La demoiselle amenée avec lui par le chevalier entend bien ces menaces. Épouvantée, elle prie le vainqueur de renoncer en faveur d'elle à tuer le vaincu. Mais il répond qu'à coup sûr il lui prendra la vie. Il ne peut en faveur d'elle accorder le pardon à qui lui infligea un excès de honte. Il s'avance, l'épée nue. Le malheureux, glacé d'effroi, lui dit :

« Pour l'amour de Dieu et pour moi, donnez-lui la grâce qu'elle implore et que moi aussi je vous demande.

— J'en atteste Dieu, si indignement qu'on m'ait traité, j'ai toujours accordé le pardon, une première et dernière fois, pour l'amour de Dieu, comme il est juste, à qui me suppliait avec ces mots. De toi aussi j'aurai pitié. Je ne dois pas te refuser ta grâce, après que tu l'as implorée. Mais d'abord promets-moi sur ta foi que tu te rendras prisonnier où je voudrai, quand je t'en sommerai. »

Le vaincu lui en fit le serment, non sans chagrin. La demoiselle intervint de nouveau :

« Chevalier au cœur généreux, puisqu'il a demandé et obtenu son pardon, si jamais tu délivras un prisonnier, octroie en ma faveur sa liberté à celui-ci. Laisse-le-moi franc de prison. En retour tu recevras de moi, en temps voulu, le don qui te plaira, si j'en ai le pouvoir. »

Alors il comprit à son propos qui elle était. Il lui donna la liberté du prisonnier. Elle éprouvait gêne et honte en se doutant qu'elle était reconnue. Elle aurait souhaité qu'il n'en fût rien. Mais lui ne songeait qu'à s'éloigner sur-le-champ. En le recommandant à Dieu, le chevalier et son amie prennent congé de lui avec sa permission, et lui-même s'en va.

*
* *

Il rencontra nouvelle demoiselle à la nuit tombante. Elle venait vers lui. Sa grâce et sa mise élégante rivalisaient avec sa beauté. Elle salua honnêtement l'étranger, en personne bien apprise.

« Demoiselle, répondit-il, Dieu vous donne la santé de l'âme et du corps.

— Sire, poursuivit-elle, non loin d'ici mon manoir est prêt à vous accueillir, si cet abri vous agrée pour la nuit. Mais j'y mets une condition ; votre hébergement n'ira pas sans que vous me teniez compagnie dans mon lit. Je ne vous en fais don qu'à ce prix. »

D'un tel présent, plus d'un lui aurait rendu grâces mille fois. Mais lui se rembrunit et répondit bien autrement :

« Demoiselle, je vous remercie de m'inviter sous votre toit. J'apprécie grandement ce service. Mais le coucher que vous m'offrez, je m'en dispenserais fort bien, s'il vous plaisait.

— Non, répliqua-t-elle, ce sera tout ou rien, par la prunelle de mes yeux. »

Ne pouvant obtenir un meilleur procédé, il s'accorde à tout ce qu'elle veut. Mais d'accepter, il a le cœur brisé. Quand déjà si rude est l'atteinte, à l'heure du coucher comme il sera de tristesse transi ! Il décevra cruellement la demoiselle empressée à l'emmener. Il se peut cependant qu'éprise de lui à l'excès, elle se refuse à lui rendre sa liberté.

Quand il eut assuré qu'il se plierait à son vouloir, il fut conduit par elle au-dedans d'un pourpris fortifié. On serait allé jusqu'en Thessalie sans en trouver un autre aussi beau. Tout autour, il était clos de hauts murs et d'une eau profonde. Aucun homme en ces lieux, hormis celui que la demoiselle attendait.

C'est là que pour son chez-soi elle avait fait bâtir avec une salle aux vastes proportions beaucoup de chambres bien parées. En longeant une rivière ils ont chevauché jusqu'à ce manoir. On avait abaissé un pont-levis pour leur livrer passage. Le pont franchi, rien non plus ne les arrêta au seuil de la salle que couvrait une toiture en tuiles. L'huis était grand ouvert. A l'intérieur, ils voient une table où la nappe était mise, longue et large : déjà sur elle on avait apporté les plats, les flambeaux plantés tout allumés dans leurs chandeliers et les hanaps en argent doré avec deux pots remplis jusqu'aux bords, l'un de vin de mûre et l'autre d'un capiteux vin blanc. Près de la table, à l'extrémité d'un banc, ils ont trouvé, pour se laver les mains, deux bassins d'eau chaude et, à l'autre bout, une serviette ouvrée, d'une irréprochable blancheur, pour les essuyer. Ils n'aperçurent ni valet, ni sergent, ni écuyer.

Le chevalier enlève son écu de son col et le suspend à un crochet. Il prend sa lance et la couche au sommet d'un râtelier. Il saute ensuite à bas de son cheval. La demoiselle en fait autant. Il goûta fort qu'elle eût mis pied à terre sans vouloir attendre son aide. A peine descendue, elle part en courant et va dans une chambre. Elle rapporte un manteau court de fine écarlate et en revêt son hôte. De la salle étaient bannies les ténèbres. Pourtant, les étoiles déjà luisaient au ciel. Mais une

infinité de flambeaux torsés, massifs, ardents, répandaient
là une orgie de clarté.

« Ami, lui dit-elle après avoir attaché le manteau
à son col, voici l'eau et voici la serviette. Il n'est personne
ici pour vous les présenter, comme l'usage le voudrait,
puisque vous n'y voyez que moi. Lavez-vous donc
les mains, et puis asseyez-vous dès qu'il vous conviendra.
L'heure et les mets servis vous en font un devoir, vous
pouvez bien le remarquer. Allons, lavez vos mains et
prenez place à table.

— Bien volontiers. »

Il s'assoit, elle aussi, très contente, auprès de lui.

De compagnie ils mangèrent et burent. Enfin il leur
fallut en terminer avec les plaisirs de la table.

« Sire, dit alors la demoiselle au chevalier, allez vous
distraire au dehors, si du moins vous n'y voyez pas
d'inconvénient. Vous y resterez juste autant qu'il me
faut à votre avis, pas plus, s'il vous plaît, pour que je
sois couchée. Prenez la chose du bon côté, car vous
pourrez alors venir à temps, si vous voulez tenir votre
parole.

— Je la tiendrai. Je reviendrai quand je croirai que
le moment est arrivé. »

Il sort, fait durer son attente au milieu de la cour.
Enfin, il lui faut bien revenir sur ses pas, car sa promesse
le contraint. Mais une fois de retour dans la salle, il
cherche en vain des yeux sa soi-disant amie. Elle n'était
plus là.

« Où qu'elle soit, dit-il en constatant sa disparition,
je la chercherai et je la trouverai. »

Sur-le-champ, il se met en quête, en raison du serment qui l'enchaînait à elle. Entré dans une chambre,
il entendit les cris aigus d'une pucelle. C'était préci-

sément l'étrange personne avec qui il devait se coucher.

Soudain il s'aperçoit que l'huis d'une autre chambre était ouvert. Il s'avance par là et de droit fil devant ses yeux il voit qu'un chevalier avait renversé la demoiselle et la tenait amplement troussée en travers du lit. Elle ne doutait pas que son hôte viendrait à son aide et criait à tue-tête :

« Au secours, au secours, chevalier, au nom de l'hospitalité ! Si tu n'arraches pas ce ribaud d'où il est, il me honnira devant toi. C'est à toi qu'il revient de partager mon lit, comme tu l'as promis. M'imposera-t-il donc toute sa volonté, sous tes yeux, de force ? Ah ! noble chevalier, n'attends pas pour agir, viens vite à mon secours. »

Notre héros rougit de honte en voyant le ribaud, comble de vilenie, maintenir dénudée jusqu'au nombril la demoiselle. L'assaillant nu sur la victime nue le fâche énormément. Ce spectacle pourtant n'allumera chez lui aucun désir, n'éveillera la moindre jalousie.

Au surplus, des portiers irréprochablement armés gardaient l'entrée : deux chevaliers dressant leurs épées nues, puis quatre sergents munis chacun d'une hache idoine à trancher de part en part l'échine d'une vache aussi gentiment que la racine d'un genévrier ou d'un genêt.

Le chevalier marque à l'huis un temps d'arrêt :

« Dieu, se dit-il, que pourrai-je faire ? Le but qu'en partant j'ai visé n'est rien de moins que la reine Guenièvre. Après avoir pour elle entrepris cette quête, aurai-je donc un cœur de lièvre ? Que j'emprunte son âme à Lâcheté, que je cède à son commandement,

4

et je n'atteindrai pas la fin que je poursuis. Honte à moi si je reste ici. Mais d'avoir prononcé ce seul mot de « rester », je m'indigne à présent contre moi. J'en ai le cœur plein d'un noir déplaisir. L'infamie est mon lot, le désespoir aussi, et je voudrais mourir, pour m'être ici trop longtemps attardé. Ah ! que Dieu n'ait jamais pitié de moi, si tant soit peu d'orgueil me dicte mon propos et si je n'aime mieux mourir avec honneur que vivre dans la honte ! Le bel honneur pour moi si j'avais le champ libre et que ces gens m'eussent permis de franchir ce seuil sans débat ! Alors le plus couard du monde, à coup sûr, passerait aussi bien. Et puis j'entends que cette infortunée m'implore à cris répétés. Elle me somme enfin de tenir ma promesse et ne m'épargne pas d'avilissants reproches. »

Aussitôt il s'avance au plus près de la porte et par un guichet il risque à l'intérieur sa tête et son cou en levant les yeux. Il voit fondre sur lui les épées. Il eut le bon esprit de s'effacer, et les deux chevaliers ne pouvant modérer leur élan précipité ont asséné leurs coups sur le sol avec tant d'énergie que de l'une et l'autre lame il ne resta que des morceaux. De ce fait le rescapé eut moins de considération pour les haches. Sa peur de ceux qui les tenaient diminua. Il saute au milieu d'eux. Jouant des coudes et des bras, il malmène un premier sergent, puis un second. Ces deux-là, qui s'offrirent d'abord, il les rassasie de horions et les fait s'étaler de compagnie. Le troisième ajusta mal son coup. Mais le quatrième, en l'attaquant, le toucha : le fer traversa le manteau, la chemise et d'une estafilade il lui sillonna la blancheur de son épaule. Le sang, goutte à goutte, en coulait. Qu'importe ! Il ne s'accorde aucun répit, ne gémit pas de sa blessure. Il va toujours, il fait des enjambées et saisit dans l'étau de ses mains les tempes du personnage occupé à forcer la demoiselle. Oui, envers son hôtesse, avant de s'en aller, il pourra tenir son serment. Il ramène le ribaud à une position verticale, bon gré mal gré. Cependant l'auteur de l'inutile coup lui avait emboîté le pas et déjà il levait de nouveau sa hache avec le ferme espoir de lui fendre le crâne en deux jusqu'aux dents. Mais lui, il sut trouver une bonne parade ; il tendit le ribaud à la rencontre du choc et la hache atteignit ce bouclier à la jointure de l'épaule et du cou, ainsi condamnés à se séparer. Et notre chevalier de s'approprier l'arme arrachée en un clin d'œil aux poings de son possesseur. Il lâche aussitôt l'homme qu'il tenait, car il lui fallait se défendre, attendu que les deux chevaliers veufs de leurs épées venaient sur lui et que les sergents brandissant les trois haches lui livraient un assaut acharné. D'un bond preste il se place entre le lit et la paroi.

« Or çà, dit-il, à moi vous tous ! Seriez-vous vingt, seriez-vous trente, à présent que je suis dans ce retranchement, vous devrez affronter un rude batailleur. Jamais je ne vous céderai. »

A cet instant la demoiselle, attentive à le regarder, lui déclara :

« Par la prunelle de mes yeux, désormais vous n'avez rien à craindre en tout lieu où je sois. »

Là-dessus, elle congédie les chevaliers et les sergents. Tous, ils quittent la chambre en hâte et sans murmure.

« Sire, reprend-elle, vous avez magnifiquement soutenu mon droit contre ma maisnie. Venez-vous-en maintenant, je vous emmène. »

La main dans la main, ils retournent dans la salle.

Il n'en fut guère enchanté. Comme il se passerait de cette compagnie !

Au milieu de la salle un lit était tout prêt. Rien n'altérait la blancheur des draps amples et fins. Le matelas n'était fait ni de paille émiettée ni de rêches coussins. Pour couverture on avait étendu deux étoffes en soie diaprée de ramages. La demoiselle en ce lit se coucha, mais ce fut sans qu'elle eût enlevé sa chemise. Lui prit une peine infinie pour se déchausser, puis se dévêtir de plus en plus. Il ne put éviter une sueur d'angoisse. Malgré tout, au sein de ce tourment, la parole donnée emporte la victoire et rompt sa résistance. Est-ce donc un coup de force ? Autant vaut. De force il doit aller se coucher avec elle. Ainsi l'exige son serment.

Sans rien précipiter il entre dans le lit, mais garde lui aussi sa chemise à l'exemple de son hôtesse. Il a grand-peur de la toucher sans le vouloir, il aime mieux rester loin d'elle et gisant sur le dos. Il observe un silence absolu, tel un frère convers à qui la règle interdit de souffler mot quand il est allongé dans son lit. Pas une fois ni de son côté ni d'un autre il ne tourne un regard. Il ne peut lui montrer un visage riant. Pourquoi ? C'est que son cœur n'y saurait consentir. Un autre objet retient tous ses soins diligents. Ce que chacun trouve beau et charmant est sans attraits pour lui.

Ce chevalier n'a pas double cœur en un seul. Encore n'est-il pas maître et seigneur du sien qu'il a déjà confié à quelqu'un et ne peut mettre ailleurs en dépôt. Qu'il se fixe en un lieu unique, Amour le veut, qui gouverne tous les cœurs. Tous ? Non, mais seulement ceux dont il fait cas. En retour, celui qu'il daigne régenter doit s'en estimer davantage. Amour tenait ce chevalier en si haut prix qu'il le gouvernait de préférence à tous

et le comblait d'une fierté souveraine. Aussi je ne veux
pas le blâmer s'il répugne à ce qu'Amour lui défend
et s'il obéit à ses volontés.

La demoiselle a compris : son invité hait sa compagnie. L'en dispenser contenterait tous les vœux de
celui qui n'a pas la moindre envie de la serrer dans
ses bras.

« Sire, dit-elle, si vous ne devez pas vous en fâcher,
je ne resterai pas davantage ici. J'irai me coucher dans
ma chambre et vous n'en dormirez que mieux. Il ne me
semble pas que vous goûtiez beaucoup le plaisir de
ma compagnie. Ne me reprochez pas un propos discour-
tois, si je vous dis ma façon de penser. Prenez donc
cette nuit un repos mérité : vous avez satisfait avec
tant de scrupule à mes conditions que je n'ai pas le
droit de vous demander plus, fût-ce une bagatelle.
Il me reste à vous recommander à Dieu. Je m'en vais. »

Là-dessus, elle sort du lit. Le chevalier n'en fut pas
mécontent. Bien mieux : dans son parfait amour envers
une autre qu'elle, il se complaît à la laisser partir. La
demoiselle s'en rend très bien compte. Arrivée dans sa
chambre et sa chemise ôtée, elle se couche et se dit
alors :

« Depuis que j'ai connu pour la première fois un chevalier, aucun ne m'a paru valoir le tiers d'un denier
angevin, hors celui-ci. A ce que je présume, il veut s'essayer
à un grand exploit, si pénible et si périlleux que nul
chevalier n'osa jamais tenter le pareil. Dieu permette
qu'il en vienne à bout ! »

Bientôt le sommeil la prit. Elle dormit jusqu'aux
premières lueurs du jour.

* *
*

La demoiselle à la pointe de l'aube est bien vite levée. Non moins prompt à ouvrir les yeux, le chevalier s'habille et sans attendre une autre aide il revêt tout seul son armure. A ce moment son hôtesse arrive et le voit déjà équipé.

« Qu'un jour heureux brille pour vous ! » fait-elle aussitôt.

« Pour vous aussi, demoiselle », répond le chevalier, qui ajouta : « Mais il me tarde bien qu'on ait sorti mon cheval de l'écurie. »

Elle ordonna de le faire et dit :

« Sire, j'aimerais voyager longtemps avec vous, si vous osiez m'emmener et que vous dussiez m'escorter en observant les us et coutumes qu'on établit bien avant nous au royaume de Logres. »

La coutume en ce temps-là comportait les obligations et les franchises que voici : tout chevalier venant à rencontrer jeune fille seulette, ou demoiselle ou de petite condition, aurait autant voulu s'égorger que de manquer à la traiter en tous points avec honneur, s'il tenait à son bon renom : de lui faire violence, il aurait à jamais été honni dans toutes les cours. Mais avait-elle un chevalier pour l'escorter ? Si tel autre en la voyant avait envie de la disputer à son défenseur dans un combat et qu'il la conquît par sa victoire, il pouvait la contraindre à sa volonté sans encourir de honte ni de blâme. Voilà pourquoi la demoiselle dit à son hôte que s'il était assez hardi pour l'escorter selon cette coutume, en la défendant de qui pourrait lui faire tort, elle s'en irait avec lui.

« Je vous promets, lui répond-il, que nul ne vous causera d'infortune avant de m'en causer à moi.

— Je veux donc partir avec vous. »

Elle commanda qu'on lui sellât son palefroi. Aussitôt dit, aussitôt fait. Palefroi de la demoiselle et cheval du chevalier sont l'un et l'autre amenés. Sans écuyer pour les aider, les voilà chacun sur sa monture. Ils s'en vont bon train.

Elle essaie de lier conversation. Lui n'en a cure et reste sourd à son babil. Son penser lui plaît, parler l'importune. Amour bien souvent lui rouvre la plaie qu'il lui fit. Jamais emplâtre n'y fut mis dans l'espoir de la guérison, car la victime est rebelle à chercher remède et médecin, à moins que sa blessure ne s'aggrave. Mais que dis-je ? elle irait plutôt au-devant de son mal.

En suivant routes et sentiers, sans dévier du plus court chemin, ils approchèrent d'une source, emmi une prairie. Tout à côté, sur un perron, une inconnue avait oublié un peigne en ivoire doré. Jamais depuis le temps du géant Ysoré aucun homme, ou sage ou fou, n'en vit d'aussi beau. Celle qui s'en était servie avait laissé aux dents de ce peigne au moins une demi-poignée de ses cheveux.

Quand la demoiselle aperçut la source et le perron, elle voulut empêcher le chevalier de les voir. Elle prit un autre chemin. Lui savourait toujours les délices de son penser : d'abord il ne remarqua pas qu'elle était en train de le fourvoyer. Mais dès qu'il s'en fut rendu compte, il craignit une tromperie et crut qu'elle empruntait une voie détournée pour éviter quelque péril.

« Holà ! demoiselle, fait-il, vous n'allez pas du bon côté. Venez par ici. Je crois qu'on n'a jamais abrégé son chemin en s'écartant de celui-ci.

— Sire, nous aurons de ce côté un meilleur trajet, je le sais bien.

— Demoiselle, je ne sais pas ce que vous méditez, mais il ne peut vous échapper que voici le chemin battu, le bon. Après avoir entrepris de le suivre, je n'irai pas dans une autre direction. Mais, s'il vous plaît, venez-vous-en, car je serai toujours fidèle à cette route. »

Lors ils continuent d'avancer et sont bientôt près du perron. Le peigne est sous leurs yeux.

« Vraiment, fait le chevalier, je n'ai jamais vu de peigne aussi beau, autant qu'il m'en souvienne.

— Faites-m'en cadeau, dit-elle.

— Volontiers, demoiselle. »

Il se penche et le prend. Une fois qu'il le tint, longuement il le regarda, longuement contempla les cheveux. Et la demoiselle de rire. En la voyant si gaie, il la pria de lui confier pourquoi elle avait ri.

« Ne soyez pas si curieux, répondit-elle : pour l'instant, je ne vous en soufflerai mot.

— Pourquoi ?

— Je ne m'en soucie pas, voilà tout. »

Alors il la conjure avec les accents d'un mortel convaincu que ni l'amie à l'ami, ni l'ami à l'amie ne doivent manquer de parole en aucune façon :

« Si votre cœur, demoiselle, est épris d'un être au monde, en son nom je vous supplie de ne pas me cacher votre secret plus longtemps.

— Ah ! que de gravité dans votre appel ! Je vous dirai tout, sans vous mentir d'un mot. Si jamais dans ma vie je fus bien renseignée, ce peigne, il était sûrement à la reine. Et croyez-en ce que j'affirme : entre les dents restés, si beaux, si blonds, si brillants, ces

cheveux que vous regardez appartenaient à la cheve-
lure de la reine. Au grand jamais ils n'ont poussé dans
un autre herbage.

— Par ma foi, il est beaucoup de reines et de rois.
Vous voulez parler de laquelle ?

— Par ma foi, sire, de la femme du roi Arthur. »

A ces mots le chevalier, trahi par ses forces, ne peut
faire autrement que fléchir en avant. Il est contraint
de s'appuyer sur le pommeau de la selle. En le voyant
tout près de défaillir, la demoiselle eut peine à en croire
ses yeux. Il va tomber, craignit-elle. Ne lui reprochez
pas d'avoir eu peur : elle pensa qu'il s'était évanoui.
C'était le cas, autant le dire : il s'en fallait de si peu !
D'une telle souffrance il eut le cœur étreint qu'il demeura
longtemps sans voix et sans couleur.

La demoiselle saute à bas du palefroi. Vite, vite elle
accourt pour arrêter sa chute et lui porter secours.
Elle n'aimerait pas du tout qu'il s'écroulât par terre.
A sa vue il se trouva tout vergogneux et lui dit :

« Qu'êtes-vous venue faire ici devant moi ? »

Ne croyez pas que la demoiselle avoue au chevalier
la raison de son empressement : que de honte et d'angoisse il en éprouverait, quel tourment pèserait sur son
cœur ! Elle se garda bien de lui dire la vérité en lui
répondant, la futée :

« Sire, je ne suis descendue que pour venir chercher
ce peigne. Il m'a fait tellement envie que j'ai cru ne
jamais le tenir assez tôt. »

Comme il veut bien qu'elle ait le peigne, il lui en fait
don, mais il prend soin d'en retirer les cheveux avec
des doigts si doux qu'il n'en rompt pas un seul. On
ne verra jamais à rien accorder tant d'honneur. L'ado-

ration commence : à ses yeux, à sa bouche, à son front,
à tout son visage, il les porte et cent et mille fois. Il
n'est point de joie qu'il n'en fasse : en eux son bonheur,
en eux sa richesse ! Il les enferme dans son sein, près
du cœur, entre sa chemise et sa chair. En échange il
ne voudrait pas d'un plein char d'émeraudes et d'escar-
boucles. Il se jugeait à l'abri désormais de l'ulcère et de
tous les maux. Electuaire avec des perles préparé,
élixir contre la pleurésie, thériaque souveraine, en use
qui voudra ! Il dédaigne aussi bien saint Martin et saint
Jacques. Il se passe fort bien de tels intercesseurs,
tant il a foi en ces cheveux. Quel était donc leur si rare
mérite ? On me tiendra pour un menteur et pour un
fou, si j'en dis la vérité. Imaginez la foire du Lendit
à l'heure où battant son plein elle rassemblera le plus
d'avoir : soyez sûrs que le chevalier refuserait le tout,
s'il lui fallait n'avoir pas trouvé ces cheveux. Me pressez-
vous de ne rien vous cacher ? L'or purifié cent fois et
cent fois affiné au feu serait plus obscur que la nuit
auprès du jour le plus brillant de cet été si l'on regar-
dait côte à côte et l'or et les cheveux. Mais à quoi bon
allonger mon récit ?

La demoiselle est prompte en emportant le peigne
à remonter sur son palefroi. Le chevalier se sent ivre
de joie en gardant les cheveux contre son cœur. Une
forêt succède au terrain découvert. Comme ils suivaient
un chemin de traverse, il finit par se rétrécir. Force
leur fut d'aller l'un après l'autre. On aurait tenté l'impos-
sible en voulant mener par là deux chevaux de front.
Devant son hôte la demoiselle va bon train, tout droit
par ce raccourci. C'est justement dans sa partie la plus

resserrée qu'ils voient venir vers eux un chevalier. D'aussi loin qu'elle l'aperçut, la demoiselle eut tôt fait de le reconnaître.

« Sire chevalier, dit-elle à son compagnon, voyez-vous ce personnage accourant à notre rencontre armé de pied en cap et prêt à la bataille ? Il compte bien m'emmener avec lui sans trouver d'opposant. Je sais qu'il a cette pensée, car il est amoureux de moi, le fou. Ce n'est pas d'hier qu'il m'a priée d'amour, de vive voix et par ses messagers. Mais mon cœur se refuse à lui. A aucun prix je ne pourrais l'aimer. Grand Dieu, plutôt mourir que céder tant soit peu à ses vœux ! En cet instant, j'en suis certaine, il nage dans la joie comme s'il m'avait déjà toute à lui. Mais je vais voir ce que vous saurez faire. On va juger si vous serez un preux. Je connaîtrai bientôt si je n'ai rien à redouter sous votre escorte. Que votre bras me sauve, et je dirai sans risquer de mentir que vous êtes un preux de très haute valeur. »

Lui se borne à répondre : « Allez, allez ! »

Et ce mot revenait à dire :

« Peu me chaut de tout votre discours. Vous vous tourmentez sans raison. »

Ce n'est pas en musant que durant ces propos venait au grand galop vers eux le chevalier seul. Il trouvait bon de se hâter, car il croyait ne pas le faire en vain. Il s'estimait bien servi par la chance en voyant devant lui l'objet de ses vœux les plus chers. Dès qu'il fut arrivé près de la demoiselle, il lui dit en la saluant du fond du cœur autant que de la bouche :

« Que la beauté la plus aimée, à qui je dois le moins de joie et le plus de douleur, soit la bienvenue, d'où qu'elle vienne ! »

Elle a raison de n'être pas pour lui si avare de mots
qu'elle ne daigne pas lui rendre son salut, au moins du
bout des lèvres. Le chevalier attacha une valeur immense
à ce simple bonjour qu'elle lui donna sans se mettre en
frais et sans en ressentir de souillure en la bouche.
Quant à lui, s'il eût au même instant jouté fort brillamment dans un tournoi, il ne s'en serait pas applaudi
à tel point et n'aurait pas gagné à son avis autant d'honneur et de renom. Ce surcroît d'outrecuidance et de
gloriole lui fit prendre aussitôt le frein du palefroi.

« Je vais maintenant vous emmener, dit-il à la demoiselle. Aujourd'hui j'ai vogué tout droit par un vent
favorable et me voici arrivé à bon port. Ma servitude
a désormais pris fin. Échappé au péril, j'ai touché le
rivage. Après les déplaisirs est venue l'allégresse, après
des maux cruels la parfaite santé. J'ai maintenant tout
ce que je voulais, puisque je vous rencontre en cette
occasion qui m'autorise à vous emmener sur-le-champ
avec moi, sans rien commettre de honteux.

— Vous vous flattez d'un vain espoir, dit-elle, car
je suis escortée par ce chevalier-ci.

— Chétive sauvegarde, à coup sûr ! Moi, je vous
emmène à l'instant. Ce chevalier, je crois, aurait mangé
un muid de sel avant d'oser vous disputer à moi. Je ne
pense pas voir jamais quelqu'un dont je ne sois vainqueur pour vous avoir à moi. Quand fort à propos je
vous trouve, au risque de déplaire à votre protecteur,
je vous emmènerai devant ses yeux, et libre à lui d'agir
au mieux de ses moyens. »

L'autre chevalier garda tout son calme en entendant
cette jactance. Ensuite il releva le gant, mais sans bro-
cards mordants ni sotte vanterie :

« Sire, un peu de patience ! Évitez de parler à tort

et à travers. Mettez plutôt un peu de modestie dans vos propos. On respectera tous vos droits, dès que vous en aurez sur elle. Vous graverez dans votre esprit que la demoiselle est venue ici sous ma protection. Laissez-la : vous avez beaucoup trop fait mainmise sur elle. Elle n'a pour l'instant rien à craindre de vous. »

Le soupirant consent qu'on le brûle tout vif, s'il n'emmène sa prise en dépit de son opposant.

Celui-ci répondit :

« Ce serait une lâcheté, si je vous laissais l'emmener. Tenez-vous-le pour dit : il y aurait d'abord bataille entre nous. Mais pour peu que nous souhaitions lutter comme il convient, on ne pourrait y réussir dans ce chemin. Allons plutôt jusqu'à une grand-route, ou dans une prairie, ou bien dans quelque lande.

— Je ne saurais demander mieux. Vraiment, je suis de votre avis. Sur ce point je ne peux que vous donner raison. Ce chemin-ci est trop étroit. Mon cheval ne va pas se trouver fort à l'aise : avant que je parvienne à le faire tourner, j'ai bien peur qu'il n'ait la cuisse cassée. »

Le demi-tour qu'il accomplit alors ne fut pas peu d'affaire, mais il sut éviter de blesser son cheval et pour lui-même il s'en tira sans le moindre dommage.

« Je suis tout à fait désolé, dit-il, qu'il ait manqué à notre rencontre un large espace, avec des spectateurs. J'aurais aimé que l'on pût voir qui de nous deux se serait le mieux comporté. Mais venez avec moi chercher ce qu'il nous faut : non loin d'ici nous trouverons un terrain découvert et de grande étendue. »

Aussitôt ils s'en vont jusqu'à une prairie. Assemblés là pour la beauté du lieu, des chevaliers en foule avec des demoiselles s'amusaient à quantité de jeux. Ils ne jouaient pas tous à des folâtreries. La plupart, çà et là, s'appliquaient aux échecs, au trictrac, aux divers jeux où l'on jette les dés. Les autres revenaient aux ébats de l'enfance avec leurs rondes et leurs danses. On chante, on cabriole, on fait maint et maint saut. La lutte aussi a ses fervents.

Sur un cheval d'Espagne au poil d'un jaune brun se détachait à l'autre bout de la prairie un chevalier que l'âge avait déjà touché. S'il avait une selle et des rênes dorées, l'homme tirait sur le grison. Par contenance il avait une main au côté. Réjoui par le beau temps, il restait sans haubert sur sa chemise. Il suivait du regard les danses et les jeux. Un manteau d'écarlate fourrée de véritable petit-gris lui couvrait les épaules. Un peu plus de vingt chevaliers portant l'armure et montés sur de bons chevaux irlandais formaient un groupe à l'écart, près d'un sentier.

A peine arrivés les trois survenants, partout la joie s'interrompit. Un cri poussé par tous traversa la prairie :

« Voyez, voyez le chevalier que sur la charrette on mena ! Que personne entre nous ne s'occupe à des jeux, aussi longtemps qu'il sera là ! Maudit qui veut jouer, maudit qui daignera jouer, aussi longtemps qu'il sera là ! »

Mais voici qu'entre-temps à son père est venu le fils du chevalier aux cheveux blanchissants. C'était justement l'amoureux qui d'ores et déjà voyait la demoiselle à lui.

« Sire, dit-il, je suis au comble de la joie, et qui veut le savoir n'a qu'à ouvrir l'oreille. Dieu vient de me donner le présent que toujours j'ai le plus désiré. M'eût-il

fait roi portant couronne, il n'aurait pas montré tant
de faveur pour moi. Je n'aurais pas à me louer autant
de lui, je n'aurais pas gagné un avantage égal. En effet
ma conquête est vraiment admirable.

— Je ne sais pas, dit à son fils le chevalier, si déjà
elle est tienne. »

La réplique aussitôt jaillit :

« Vous ne le savez pas ? De quoi vous sert d'avoir
des yeux ? Pour Dieu, sire, n'en doutez pas un seul
instant ! Vous pouvez voir que je l'ai saisie par le frein.
Dans cette forêt d'où je viens, je l'ai rencontrée comme
elle y passait. Je crois que Dieu la conduisait vers moi :
j'ai pris le bien qui m'était destiné.

— As-tu vraiment l'accord de celui qui vient sur
tes pas ? J'ai dans l'idée, moi, qu'il se dispose à te la
réclamer. »

Tandis qu'ils échangeaient ces mots, les rondes s'étaient
arrêtées, les jeux et la joie restaient en suspens à la vue
du chevalier à qui l'on exprimait ainsi malveillance et
mépris. Mais lui sans le moindre répit suivait la demoiselle en hâte.

« Laissez-la, chevalier, dit-il au prétendant, vous
n'avez sur elle aucun droit. Si votre audace continue,
à l'instant je la défendrai contre vous.

— Hé bien ! dit alors le vieux chevalier, n'ai-je pas
deviné ? Beau fils, ne retiens plus la demoiselle et rends-la
donc à qui l'escorte. »

Ce conseil ne fut pas goûté de l'amoureux, car il fit
le serment que d'elle il ne rendrait l'épaisseur d'un che-
veu.

« Ne plaise à Dieu, dit-il, que j'aie jamais de joie
dès le moment que je la céderai. Elle est et restera mon

bien que je possède en fief. De mon écu la guiche et les
énarmes seront auparavant rompues, je ne me fierai
plus du tout ni à moi, ni à mon armure, à ma lance,
à mon épée, quand je lui permettrai d'emmener mon amie.

— Dis tout ce que tu veux, répliqua le père, je t'em-
pêcherai de combattre. Tu comptes trop sur ta prouesse.
Allons, obéis à mon ordre. »

Mais son fils, par orgueil, lui repartit ainsi :

« Suis-je donc un enfant qu'on doive épouvanter ?
Je puis bien m'en flatter : dans toute l'étendue que la mer
environne, entre les chevaliers qu'on y trouve en grand
nombre, il n'en est pas un seul, si valeureux soit-il,
que je laisserais me la prendre et qu'en un tourne-
main je ne réduirais à merci, je crois.

— J'en demeure d'accord, beau fils, voilà ce que
tu crois, tellement tu te fies à ton bras. Mais aujourd'hui
je ne veux et ne voudrai pas que mon fils se mesure avec
ce chevalier.

— Quelle honte pour moi, si je vous écoutais ! Maudit soit qui vous en croira et qui sur vos conseils se
conduira en lâche ! Ainsi je devrais renoncer à lutter
hardiment. C'est bien la vérité qu'avec les siens on
achète au prix fort : j'aurais plus d'avantage à mar-
chander avec un étranger, car vous cherchez à me duper.
Ailleurs qu'en mon pays, j'en suis certain, je serais
mieux placé pour me faire valoir. De qui ne me con-
naîtrait pas rien ne viendrait qui me détournât de ma
volonté, tandis qu'elle est pour vous un prétexte à me
perdre. Elle m'assiège d'autant plus que vous me l'avez
reprochée. Vous le savez bien : que de son désir on
blâme quelqu'un, homme ou femme, il s'embrase et
s'accroît en dévorante ardeur. Mais si grâce à vos soins

je fléchis tant soit peu, Dieu ne veuille jamais m'accorder quelque joie. Je me battrai plutôt, malgré vous.

— Par la foi que je dois à l'apôtre saint Pierre, je m'aperçois qu'il serait vain d'employer la prière. J'ai beau te chapitrer, je gaspille mon temps. Mais bientôt je t'aurai monté un coup de ma façon qui te contraindra bien, si fâché en sois-tu, à m'obéir : tu vas trouver plus fort que toi. »

Là-dessus il appelle à lui les chevaliers qui attendaient près du sentier : qu'ils viennent maîtriser son fils, puisqu'il ne peut le ramener à la raison.

« J'aimerais mieux le faire ligoter, dit-il, que le laisser combattre. Autant que vous voilà, vous êtes tous mes hommes. Vous me devez amour et foi. Par tout ce qui fait de vous mes vassaux, écoutez à la fois mon ordre et ma prière. Il se conduit en fou, me semble-t-il, et cède à un immense orgueil quand il s'oppose à mon vouloir. »

Les chevaliers se disent prêts à saisir le rebelle : une fois qu'ils le tiendront bien, il perdra l'envie de se battre et devra malgré lui rendre la demoiselle. Ils viennent à eux tous et s'emparent de lui en le prenant par les bras et le cou.

« Hé bien ! dit le père, comprends-tu enfin ta folie ? Reviens à la réalité : te voilà maintenant hors d'état de manier la lance et l'épée. Tes regrets les plus vifs ne serviraient à rien. Consens à tout ce qui me plaît, tu feras preuve de sagesse. Et sais-tu quelle est ma pensée ? Pour adoucir ton crève-cœur, si tu veux, toi et moi, aujourd'hui et demain, nous suivrons ce chevalier par les champs et par les bois en chevauchant à l'amble. Il se peut que nous apercevions bientôt quelque chose en lui, dans son air, qui me déciderait

5

à te laisser éprouver ta valeur contre lui et combattre
à ton gré. »

Son fils, très malcontent, lui promet d'obéir, puisque
nécessité fait loi ; faute de mieux, il lui dit qu'il prendra
son méchef en patience à cause de lui : cependant ils
suivront tous deux le chevalier.

A ce dénouement imprévu, les gens épars dans la
prairie clament en chœur :

« Avez-vous vu ? Celui qui monta sur la charrette
en ce jour s'est acquis un honneur étonnant : il emmène
avec lui l'amie si chère au fils de notre bon seigneur,
et celui-ci songe à le suivre. Il a dû lui trouver un mérite
inconnu, nous pouvons bien le dire en vérité, puisqu'il
laisse partir la pucelle avec lui. Que soit maudit cent
fois qui pour ce chevalier s'abstiendra désormais de
jouer ! Allons reprendre nos ébats. »

Les voilà retournés à leurs jeux, leurs rondes et leurs
danses.

* *
*

Le chevalier part aussitôt ; il ne fait pas plus long
séjour dans la prairie. La demoiselle n'entend pas demeurer en arrière et renoncer à son escorte. Ils s'en vont
tous deux en gens fort pressés, suivis de loin par le
père et son fils. A travers une étendue de prés fauchés,
ils ont chevauché jusqu'à none. Alors dans un très bel
endroit ils trouvent une église et, près du chœur, un
cimetière enclos de murs. Le chevalier ne se comporta
pas en rustre ni en sot : ayant mis pied à terre, il entra
dans l'église afin de prier Dieu. La demoiselle eut soin
de tenir son cheval jusqu'à son retour. Comme il avait
achevé sa prière et qu'il revenait sur ses pas, il vit juste

en face de lui s'avancer à sa rencontre un moine d'un
grand âge. Quand il fut près de l'homme vénérable,
à voix très douce il lui demanda ce qu'enfermaient les
murs qu'il lui montra. Le moine répondit que c'était
là un cimetière.

« Vous plairait-il de m'y mener ?

— Bien volontiers, sire. »

Le moine alors conduit le chevalier dans le cimetière
entre des tombeaux pareils en beauté aux plus somptueux que l'on pourrait trouver d'ici jusqu'à la Dombes
et de là jusqu'à Pampelune. Sur chacun des lettres
gravées désignaient le nom du mortel qui un jour y
serait couché. Le visiteur se mit à lire, sans le secours
du religieux, les épitaphes l'une après l'autre. Elles
disaient :

ICI REPOSERA GAUVAIN, ICI LEONÉS,
ICI REPOSERA YVAIN.

Après ces trois noms, il en lut maint et maint : tous
étaient ceux des chevaliers les plus vaillants et les plus
admirés, l'élite en ce pays et dans le monde entier. Il
trouva une tombe en marbre : elle paraissait bien l'emporter en splendeur par le travail et l'art. Le chevalier
appelle à lui le moine :

« A quoi sont destinées, demanda-t-il, les tombes
que voici ?

— Vous avez regardé les inscriptions ; si vous avez
compris leur sens, déjà elles vous ont instruit et vous
savez ce que signifient ces tombeaux.

— Et celui-là, le plus grand, à quoi sert-il ? »

L'ermite répondit :

« Je puis vous en parler assez. Voilà un sarcophage

auquel aucun autre en aucun temps ne s'égala. Ni
moi ni personne, on n'en a jamais vu de semblable
richesse et d'un contour aussi parfait. Au dehors il est
beau, plus encore au dedans. Mais ne vous souciez pas
de sa beauté cachée : tous vos efforts ne serviraient à
rien ; jamais vous n'en verrez l'intérieur. Pour le faire
apparaître, il faudrait en effet sept hommes grands
et forts, si l'on songeait à ouvrir ce sépulcre. Il est couvert d'une pesante dalle. Oui, la chose est certaine :
à la soulever sept hommes s'emploieraient, plus vigou-
reux que vous et moi. On lit sur elle une inscription
qui prophétise ainsi : CELUI QUI LEVERA CETTE
PIERRE A LUI SEUL SERA LIBERATEUR DES
HUMAINS PRISONNIERS DANS LA TERRE
D'EXIL D'OU NE SORT AUCUN D'EUX, NI SERF
NI GENTILHOMME, A PARTIR DU MOMENT
QU'IL Y A MIS LE PIED. AUCUN N'A JAMAIS
VU LE CHEMIN DU RETOUR, CAR TOUS LES
ETRANGERS DEMEURENT LA CAPTIFS. MAIS
LES GENS DU PAYS LIBREMENT VONT ET VIEN-
NENT, QU'ILS EN PASSENT OU NON LA LIMITE
A LEUR GRE. »

A l'instant le chevalier va prendre entre ses mains
la pierre du tombeau, et la voici levée, sans qu'il ait
eu à se donner du mal, mieux que dix hommes n'auraient
fait en y mettant toute leur force. Le moine en resta
bouche bée. Sous l'effet que lui fit la vue de ce prodige,
il s'en fallut de peu qu'il ne tombât soudain, car il ne
pensait pas devenir le témoin d'un aussi grand exploit
dans le cours de sa vie.

« Sire, à présent j'ai grande envie, fait-il, de savoir
votre nom. Voulez-vous me le dire ?

— Je ne veux, foi de chevalier.

— J'en suis vraiment peiné. Si vous me disiez votre nom, le procédé serait des plus courtois ; peut-être aussi en auriez-vous un grand profit. Qui êtes-vous, quel est votre pays ?

— Je suis un chevalier, vous le voyez, et je suis né au royaume de Logres. Je voudrais par ces mots être quitte envers vous. Mais vous, dites-moi de nouveau, s'il vous plaît, qui dormira dans ce tombeau.

— Sire, le héros qui délivrera tous ceux qui sont pris dans la trappe au royaume d'où nul ne saurait s'échapper. »

Quand le moine eut dit tout ce qu'il savait, le chevalier sans plus le recommande à Dieu et tous ses saints, puis au plus vite il rejoint alors la demoiselle, accompagné par le vieil homme aux cheveux blancs hors de l'église. Ils sont bientôt venus sur le chemin. Comme elle montait sur son palefroi, le moine conte à la pucelle, avec tous les détails, ce qui s'était passé au cimetière ; il la pria aussi de ne pas lui cacher le nom du chevalier, s'il était connu d'elle. En vain : elle dut avouer qu'elle n'en savait rien, mais sans risque d'erreur elle osa déclarer qu'on ne trouverait pas un égal chevalier dans toute l'étendue où les quatre vents soufflent.

Là-dessus, elle rompt l'entretien et s'élance au galop pour rattraper le chevalier. C'est juste à cet instant que ceux qui les suivaient parurent. Ils avisent le moine à présent seul devant l'église. Le vieux chevalier sans haubert sur sa chemise lui demanda :

« Dites-le-nous, sire, avez-vous vu un chevalier escortant une demoiselle ?

— Je n'aurai pas de peine à vous dire sur eux la pure vérité. Ils viennent en effet de s'en aller d'ici.

Le chevalier a visité le cimetière et, par un prodige inouï, à lui tout seul il a levé, du premier coup et sans effort, la dalle qui couvrait la grande tombe en marbre. Il va au secours de la reine : sans aucun doute il la délivrera et tous les captifs avec elle. Vous le savez tout comme moi, pour avoir lu souvent les lettres sur la pierre. Oui, jamais ne vint au monde et ne se mit en selle un chevalier d'aussi haute valeur. »

Le père alors dit à son fils :

« Que t'en semble, mon fils ? N'est-il donc pas un preux, l'auteur d'un tel exploit ? Tu connais maintenant qui de nous deux eut tort, si ce fut toi ou moi. Je ne voudrais pour la ville d'Amiens t'avoir vu combattre avec lui. Tu as pourtant bien regimbé avant que l'on ait pu t'en détourner. Nous n'avons plus qu'à revenir. Ce serait déraison que de les suivre plus avant.

— C'est aussi mon avis, répond le fils. A quoi nous servirait en effet de les suivre ? Puisque vous le voulez, retournons sur nos pas. »

Ce retour de sa part fut la sagesse même.

La pucelle entre-temps s'en allait côte à côte avec le chevalier, au plus près. Elle veut obtenir de lui quelque intérêt, elle veut de sa bouche apprendre enfin son nom. Pour le connaître, elle insiste à tel point, priant et suppliant, qu'à bout de patience il lui répond :

« Ne vous ai-je pas dit que je suis né au royaume du roi Arthur ? Par la foi que je dois à Dieu le tout-puissant, de mon nom vous ne saurez rien. »

Lors elle demanda congé de le quitter : elle entend rebrousser chemin. Il lui fit ses adieux d'une mine ravie.

*
* *

Elle s'en va, la demoiselle, et lui chevaucha seul si
longtemps qu'il fut tard. Après vêpres. à l'heure de
complies, tandis qu'il poursuivait sans relâche sa route,
il aperçut un vavasseur. Celui-ci revenait du bois où
il avait chassé. Il approchait, heaume lacé, sur un
grand cheval de chasse à la robe gris fer ; en croupe
il emportait la venaison que Dieu lui avait donnée ce
jour-là.

Le vavasseur en grande hâte accourt au-devant du
chevalier et s'offre à l'héberger :

« Sire, il sera bientôt nuit. Il est temps désormais
de trouver un logis ; la raison vous invite à le faire.
J'ai non loin d'ici un manoir à moi ; je vais vous y
mener. Jamais on ne vous a reçu en hôte plus choyé
que vous serez chez moi, au mieux de mes moyens.
Si vous acceptez, j'en serai content.

— J'accepte avec joie moi aussi », répond le chevalier.

Le vavasseur envoie aussitôt son fils en avant-cou-
reur pour préparer l'hôtel comme il convient et hâter
les apprêts du repas. Le valet ne s'attarde pas : de bon
cœur il s'en va grand train remplir sa mission. Derrière
lui son père et l'invité ne songent pas à se presser autant
sur le chemin qui les mène au manoir. Le vavasseur
avait pour femme une dame bien apprise ; avec eux
demeuraient leurs cinq fils très aimés, deux chevaliers
déjà, trois encore valets, et deux filles aussi, encore à
marier, qui possédaient la grâce et la beauté. Mais ils
n'étaient pas nés dans le pays où ils vivaient : depuis

beaucoup d'années ils s'y trouvaient captifs. Ils avaient pour patrie le royaume de Logres.

Voici le vavasseur venu dans la cour du manoir avec le chevalier. La dame accourt à leur rencontre. Ses filles et ses fils s'élancent eux aussi. Ils s'offrent tous à servir l'hôte. Ils le saluent, ils l'aident à descendre. Au maître de la maison ni les cinq frères ni les sœurs n'accordent pareils soins : ils savaient bien qu'ils plaisaient à leur père en agissant ainsi. Marques d'honneur, preuves de bienvenue sont prodiguées à l'invité. Dès qu'on l'eut désarmé, l'une des sœurs le revêt d'un manteau qu'elle ôta de son col pour l'agrafer au sien. S'il fut bien traité au souper, ai-je besoin de vous le dire ? Apprenez seulement que le repas fini, on n'eut aucune peine à trouver des sujets de conversation. D'abord le vavasseur cherche à savoir qui est son hôte et la contrée où il est né, mais sans lui demander son nom.

Sur-le-champ l'inconnu répondit :

« Je suis du royaume de Logres ; je viens dans ce pays pour la première fois. »

A ces mots le vavasseur, sa femme et ses enfants sont vivement surpris : ils éprouvèrent tous un serrement de cœur.

« C'est pour votre malheur, se mettent-ils à dire, que vous êtes venu, beau doux seigneur. Ah ! combien votre sort est digne de pitié ! Maintenant, vous aussi, vous vivrez comme nous dans le servage et dans l'exil.

— Mais à vous, quelle est donc votre terre natale ?

— La même que la vôtre, sire. Dans le pays où vous voici, beaucoup de braves gens que le vôtre vit naître ont pour lot l'esclavage. Ah ! maudite soit pareille

coutume et maudits soient ceux qui la maintiennent,
car tous les étrangers qui viennent par ici sont contraints
d'y rester : ce pays devient leur prison. Entre qui veut,
mais le retour est interdit. Vous voilà vous aussi un
homme bien fini. Non, vous ne sortirez jamais, je crois,
du royaume où vous êtes.

— J'en sortirai pourtant, s'il est en mon pouvoir.

— Comment ? reprit le vavasseur, avez-vous cet
espoir ?

— Mais oui, s'il plaît à Dieu. Je ferai de mon mieux
pour qu'il en soit ainsi.

— Alors les autres prisonniers ne craindraient plus
rien et partiraient librement : qu'en effet l'un de nous,
dans un combat loyal, parvienne à s'affranchir de
sa captivité, et tous les exilés, à coup sûr, pourront
rentrer chez eux sans qu'on cherche à les en empêcher. »

A cet instant le vavasseur se ressouvient d'un bruit
qu'on lui avait rapporté : un chevalier très valeureux
était entré de vive force dans le pays pour secourir
la reine à cette heure entre les mains de Méléagant,
le fils du roi.

« Oui, se dit-il, j'ai dans l'idée que c'est lui ; aussi
je vais lui en parler. »

Alors il poursuivit ainsi :

« Sire, ne me cachez rien de votre entreprise ; en
retour, je vous le promets, je vous conseillerai du mieux
que je pourrai. Je n'y perdrai pas moi non plus, si le
succès couronne vos efforts. Révélez-moi toute la vérité
pour notre profit à tous deux. Je crois bien que vous
êtes venu dans ce pays, au milieu de gens déloyaux,
plus mauvais que les Sarrasins, pour délivrer la reine.

— Je ne suis pas venu pour une autre raison, au grand jamais, répond le chevalier. Je ne sais où ma dame est retenue captive, mais mon vœu le plus cher est de la secourir. J'ai vraiment besoin d'un conseil. Conseillez-moi, si vous pouvez.

— Sire, vous avez emprunté un très rude chemin. Celui que vous suivez mène au Pont de l'Épée, tout droit. Vous feriez bien d'écouter les conseils : si vous vouliez en croire mon avis, vous iriez au Pont de l'Épée par un chemin plus sûr. J'aurais quelqu'un pour vous guider. »

Mais lui ne recherchait que le plus court trajet.

« Cet autre chemin, demanda-t-il, conduit-il aussi droit que le fait celui-ci ?

— Non, il est plus long, mais aussi plus sûr.

— Alors je n'en veux pas. Renseignez-moi, sans plus, sur le chemin qui passe par ici : je suis tout disposé à l'affronter.

— Vraiment, vous n'y gagnerez pas, sire : en prenant le chemin que je vous déconseille, demain vous parviendrez à un endroit où vous pourrez bientôt rencontrer du dommage. Il a pour nom : LE PASSAGE DES PIERRES. Vous voulez savoir combien est mauvais pareil défilé ? Pour qu'un cheval y passe il est juste assez large et deux hommes de front ne le franchiraient pas. Il est aussi fort bien défendu. Ne comptez pas que dès votre arrivée on vous en livrera l'accès : vous recevrez maints coups et de lance et d'épée ; il vous faudra sans lésiner les rendre avant d'atteindre l'autre bout. »

Quand il eut achevé, l'un de ses fils, un chevalier, fait deux pas en avant et lui dit :

« Je m'en irai, père, avec ce seigneur, si vous y consentez. »

A son exemple un autre fils, un valet celui-là, se
lève :

« Et j'irai moi aussi », déclara-t-il.

Le père de bon cœur donne à tous les deux son accord.
Allons, le chevalier ne partira pas seul. Il remercie les
jeunes gens : l'escorte proposée était fort à son gré.
Là-dessus l'entretien prit fin. On emmena le chevalier jusqu'à son lit. Il put dormir, s'il en eut quelque
envie. Dès que blanchoie le jour, il est vite levé. En
le voyant debout, ceux qui devaient l'accompagner
sont prompts à l'imiter. Revêtue l'armure et le congé
pris, ils s'en vont tous les trois. Le valet tint à chevaucher en tête. Ensemble ils arrivent ainsi, juste à l'heure
de prime, au Passage des Pierres. Une bretèche en
barrait l'entrée, avec un guetteur en tout temps. Comme
ils s'en trouvaient encore assez loin, l'homme posté
les aperçoit et crie à pleins poumons :

« Un ennemi qui vient ! Un ennemi qui vient ! »

Voici qu'à cet appel surgit sur la bretèche un chevalier en selle et tout flambant dans son armure neuve,
en même temps que de chaque côté parurent des sergents portant des haches affilées. Quand l'ennemi fut
près, le chevalier, qui le toisait, lui reprocha la charrette en termes peu flatteurs :

« Vassal, tu as beaucoup d'audace et la cervelle bien
légère en te risquant dans ce pays. Qui fut promené
en charrette aurait dû renoncer à venir par ici. De ce
que tu as fait, Dieu t'empêche à jamais de tirer du plaisir ! »

Et là-dessus de tout l'élan de leurs chevaux ils fondent l'un sur l'autre. Celui qui devait garder le passage eut promptement brisé sa lance en deux morceaux : il ne lui resta rien au poing. Mais l'insulté, en lui glissant son coup droit par-dessus la panne de l'écu, l'ajuste en pleine gorge et l'envoie ventre en l'air sur les rochers du défilé, pieds d'un côté, tête de l'autre. Les sergents, hache en main, bondissent en avant, mais ils manquent exprès et l'homme et son cheval, car ils n'ont pas envie de leur faire du mal. Le chevalier s'aperçoit bien qu'ils n'ont que des desseins inoffensifs. Aussi néglige-t-il de tirer son épée : il franchit sans débat le passage avec ses compagnons derrière lui.

« Jamais, dit le cadet à son frère, je ne vis de chevalier si vaillant. Aucun n'est comparable à lui. N'a-t-il pas accompli un exploit merveilleux en enlevant ce défilé de vive force ?

— Mon frère, au nom du ciel, répond l'aîné, fais diligence et va retrouver notre père ; annonce-lui cette belle aventure. »

Mais le valet lui jure bien qu'il n'ira pas à la maison apporter la nouvelle : jamais il ne s'éloignera de ce chevalier avant d'être adoubé par lui ; que son aîné se charge du message, s'il y tient à ce point.

Ils continuent leur chemin tous les trois. Déjà l'heure de none était passée quand soudain les voilà devant un indiscret prompt à leur demander qui ils sont.

« Nous sommes chevaliers, répondent-ils, et nous allons où notre devoir nous appelle. »

Cet homme dit alors à qui lui paraissait le seigneur des deux autres :

« Sire, j'aimerais bien dès maintenant vous héberger, vous et vos compagnons.

— Prendre à l'heure qu'il est un logis pour la nuit ?
N'en parlons pas, lui répliqua le chevalier. Lâche est
celui qui s'attarde en sa route et fait halte à son aise
après qu'il s'est chargé d'une grande entreprise. Et
le dessein que je poursuis est de la sorte : aussi de longtemps encore aujourd'hui nul ne m'aura pour hôte.

— Ma demeure n'est pas tout près d'ici, reprit l'homme,
et il faut du temps pour l'atteindre, en avançant toujours.
Vous pouvez y venir sans vous trouver contraint de
prendre votre gîte avant l'heure voulue. Il sera tard
quand vous arriverez chez moi.

— Alors, je veux bien y aller. »

L'homme aussitôt se place en tête et sur la grand-
route il les emmène après lui. Quand ils eurent ainsi
chevauché longuement, ils voient venir à leur rencontre
un écuyer : il faisait galoper, galoper durant toute sa
traite un roncin bien nourri et rond comme une pomme.

« Sire, sire, dépêchez-vous, crie l'écuyer à l'homme ;
les gens de Logres se sont jetés en armes sur ceux de
ce pays. Leur guerre a commencé déjà : c'est la révolte
et la mêlée. Un chevalier, prétendent-ils, a pénétré
chez nous : il a prouvé sa vaillance en maints lieux ;
on ne saurait l'empêcher de passer, où qu'il veuille
arriver. On ne l'arrête pas, en dépit qu'on en ait. Tous
les captifs dans la contrée se disent sûrs qu'il les délivrera et qu'il vaincra les nôtres. Hâtez-vous, c'est là
mon conseil. »

L'homme à ces mots prend le galop. Les trois compagnons rayonnent de joie, car ils avaient entendu eux
aussi et voudront aider leurs amis.

« Sire, écoutez ce que dit ce sergent, s'écrie le fils
aîné du vavasseur. Allons au secours de nos gens qui
se battent déjà contre nos ennemis. »

L'homme détale de plus belle en leur brûlant la politesse : il s'en va droit à fond de train vers une forteresse
élevée sur un tertre. Enfin il se rue dans l'entrée. Les
compagnons, piquant des deux, l'y suivirent de près.
Haut mur et fossé formaient l'enceinte de la place.
A peine furent-ils dedans qu'on laissa tomber sur leurs
talons une porte afin de leur couper le chemin du retour.

« Allons, disent-ils, allons toujours, car ce n'est pas
ici que nous voulons nous arrêter. »

A la suite de l'homme ils s'élancent bien vite et vont
jusqu'à l'issue. L'abord ne leur en fut pas défendu.
Mais dès que l'homme l'eut franchie, juste derrière
lui on fit tomber encore une porte à coulisse. Leur
mine s'allongea, quand les trois compagnons se virent
pris au piège. Ils se crurent joués par quelque enchantement. Mais le héros de mon récit portait un anneau
à son doigt : la pierre en possédait une telle vertu qu'il
était à l'abri de n'importe quel charme, après qu'il
l'avait regardée. Il met l'anneau devant ses yeux, exa-
mine la pierre et dit :

« Dame, dame, pour l'amour de Dieu, j'aurais maintenant grand besoin de vous : si vous pouviez m'aider ! »

Cette dame était une fée. D'elle il tenait l'anneau
en don. C'est elle aussi qui l'avait élevé au temps de
son enfance. Il avait en elle une foi entière et ne doutait
point qu'elle dût en tous lieux lui prêter son secours.
Mais il voit clairement par son invocation et par la
pierre de l'anneau qu'on ne peut soupçonner ombre
d'enchantement. Sa certitude est absolue : ils étaient
bel et bien des gens emprisonnés.

Lors ils viennent tous trois jusqu'à une poterne étroite
et basse à l'huis clos d'une barre. D'un même geste

ils tirent leurs épées. De la sienne chacun frappe à bras raccourci et bientôt la barre est rompue. Une fois qu'ils se sont échappés de l'enceinte, ils voient que la mêlée a déjà commencé, farouche, dans les prés et que de l'une et l'autre part on pouvait bien compter un bon millier de chevaliers, outre la foule des vilains.

Comme ils avaient atteint les prés, le fils aîné du vavasseur émit un avis très sensé :

« Sire, avant de pousser jusque là-bas, nous agirions très sagement, je crois, si l'un d'entre nous allait s'enquérir de quel côté se tiennent nos amis. Je ne sais d'où ils viennent, mais j'irai voir, si vous voulez.

— Soit, dit celui qui commande, allez-y vite et revenez de même, il le faut. »

Il eut tôt fait d'aller, tôt fait de retourner.

« C'est une vraie chance pour nous, dit-il, car j'ai bien reconnu que les nôtres sont de ce côté-ci. »

A cet instant le chevalier piqua tout droit vers la mêlée. Il trouve un ennemi qui s'avançait sur lui : il engage la joute et d'un terrible coup lui plongeant dans l'œil le fer de sa lance, il le fait tomber mort. Le valet s'empressa de mettre pied à terre : il prend le destrier du chevalier tué, il le dépouille aussi de son armure et s'en revêt de main de maître. Après quoi il est prompt à remonter en selle : il saisit l'écu, il saisit la lance, une grande, une roide, à la hampe bien peinte. Quant à son épée, ceinte à son côté, elle avait bon tranchant et jetait des éclairs.

Il s'est précipité en plein dans la mêlée sur les pas de son frère et de celui qu'il tient pour son seigneur. Ce dernier fit longtemps de la belle besogne : il rompt, il fend, disloque tout, écus, heaumes et hauberts. Ni le bois de l'écu ni le fer de l'armure, rien ne peut préserver celui qu'il a touché d'être fort mal en point ou de voler sans vie en bas de son cheval. Par sa vaillance il venait seul à bout de tous les ennemis, tandis que ses deux compagnons se comportaient bien eux aussi.

Les gens de Logres s'étonnaient en le voyant, car il leur était inconnu. A voix basse ils parlent de lui au fils aîné du vavasseur. Cette réponse est faite à leurs questions multipliées :

« Seigneurs, c'est lui qui nous arrachera tous de l'exil et de la cruelle infortune où nous avons longtemps vécu. Comment ne pas l'honorer grandement quand pour nous délivrer il a franchi et franchira bien des endroits très périlleux ? Beaucoup lui reste à faire après tant de hauts faits. »

La nouvelle en se répandant de bouche en bouche a rempli de joie tous les cœurs. De nul des exilés elle n'est ignorée. Leur joie accroît leur force : avec une ardeur sans pareille ils tuent quantité de leurs oppresseurs. Qu'ils les malmènent tant, c'est plus, me semble-t-il, grâce aux exploits d'un chevalier tout seul que par les efforts conjugués des autres combattants. Si le jour n'était pas si proche de sa fin, l'ennemi s'en irait en complète déroute ; mais l'obscurité survenue les contraignit à cesser le combat.

Au moment de partir, ils se pressèrent tous à qui mieux mieux autour du chevalier. Que de mains ont saisi son cheval par la bride ! On lui crie :

« Soyez le bienvenu, beau sire ! »

Chacun de répéter :

« Sire, croyez-m'en, c'est moi qui vous hébergerai ; sire, au nom du ciel, ne prenez pas d'autre hôtel que le mien. »

Ce que dit l'un, l'autre le dit. Les jeunes et les vieux, tous voudraient l'héberger.

« Vous serez mieux chez moi qu'ailleurs », reprennent-ils.

Chacun parle ainsi pour sa part, l'enlève à son voisin, dans une concurrence où nul ne renonce à l'avoir. Il s'en faut de bien peu qu'ils n'en viennent aux mains. Il leur répond que leur débat n'est que temps perdu et pure folie.

« Laissez donc, leur dit-il, cette chamaillerie qui n'est d'aucun profit ni pour vous ni pour moi. Que nous vaut de nous chercher noise, alors qu'il nous faudrait nous entr'aider ? Vous devez non pas vous disputer le soin de m'héberger, mais avoir l'unique souci, dans votre intérêt à vous tous, de le faire en un lieu qui ne m'écarte pas de ma route directe. »

Pourtant chacun d'eux continue :

« C'est dans ma maison !

— Mais non, dans la mienne !

— Vous parlez de nouveau en dépit du bon sens, fait le chevalier ; à mon avis, le plus sage de vous est encore insensé, quand vous vous querellez sur un pareil sujet. Vous devriez m'aider à prendre de l'avance, et vous voulez m'imposer des détours. M'auriez-vous tous l'un après l'autre, en comblant mes souhaits, rendu autant de service et d'honneur qu'un homme au monde en pourrait recevoir, par tous les saints qu'à Rome on prie, je ne saurais à nul d'entre vous meilleur gré du geste généreux dont j'aurais profité que de la simple intention. Oui, de par Dieu, le bon vouloir de chacun ne m'enchante pas moins que si déjà il m'avait prouvé dans le fait l'ampleur de son estime et de son dévouement. Que la pensée égale l'acte ! »

Avec ces mots il les subjugue et les apaise. On le conduit sur son chemin chez un chevalier fort aisé dont il sera l'hôte. Ils s'emploient tous à le bien servir. Que de marques d'honneur, que de preuves de joie on lui prodigua toute la soirée jusqu'à son coucher ! Il était cher à tous les cœurs.

Quand au matin il fut près de partir, chacun voulut s'en aller avec lui. Chacun lui dévoue sa personne. Mais lui ne tenait pas à d'autres compagnons que ceux qu'il avait amenés : de ces deux-là, sans plus, il avait fait sa suite. Ils chevauchèrent ce jour-là de l'aube à la vêprée : nulle aventure en leur chemin. Tout en allant bon train, ils ne sortirent que fort tard d'une forêt qu'ils traversaient. En passant la lisière, ils remarquèrent non loin d'eux le manoir d'un chevalier. Sa femme, une dame à l'air bienveillant, devant la porte était assise. A peine eut-elle pu les voir qu'elle se leva pour s'approcher d'eux et les saluer le visage riant.

« Soyez les bienvenus, dit-elle. Je veux vous recevoir chez moi ; descendez, on vous héberge.

— Merci à vous, dame ; puisque vous l'ordonnez, nous descendrons et nous serons vos hôtes cette nuit. »

Ils mettent pied à terre. Elle fait sur-le-champ prendre les destriers, car elle avait une belle maisnie : dès qu'elle eut appelé ses filles et ses fils, ils s'empressèrent d'accourir, valets avenants et courtois, chevaliers, très gentes demoiselles. La dame commande à ses fils d'ôter les selles des chevaux et de bien les panser. Aucun n'oserait refuser ; tous obéissent de bon gré. Elle demande

aussi qu'on désarme les chevaliers ; ses filles s'élancent
pour le faire. Une fois sans armure, chacun reçoit un
manteau court qu'il doit mettre à son col. Tout aussitôt
on les amène à la maison qui avait très bon air. Si le
père en était absent, c'est qu'il chassait dans la forêt
avec deux de ses fils. Mais il arriva tout de suite et sa
maisnie, bien éduquée, sortit vite au-devant de lui sur
le chemin. Ses enfants ne furent pas lents à décharger
la venaison qu'il apportait ; tous lui disaient :

« Sire, sire, vous ne le savez pas, mais vous avez trois
chevaliers pour hôtes.

— Dieu en soit adoré », leur répond-il.

Le père et les deux fils font eux aussi fête à leurs
hôtes. La maisnie cependant ne reste pas sans remuer :
chacun jusqu'au plus jeune était disposé à prendre sa
part de la besogne urgente. Ceux-ci courent hâter les
apprêts du souper ; ceux-là ont vite fait d'allumer les
flambeaux. Munis de la serviette et des bassins, ils
donnent l'eau sans penser à la ménager. On se lave les
mains et l'on s'assoit à table. Rien dans cette maison
ne causait déplaisir ni pénibles pensées.

Comme ils mangeaient le premier mets, quelqu'un
leur fit une surprise : il survint dans la cour un chevalier
plus orgueilleux que ne l'est un taureau, cet animal
tout gonflé de superbe. Il se tenait armé de pied en cap
sur son destrier, mais à sa façon : il prenait appui sur
son étrier d'une seule jambe, et l'autre, il l'allongeait,
pour faire l'élégant, sur le col du cheval à la belle cri-
nière. Arrivé qu'il fut dans cette posture, il n'attira
un seul instant l'attention de personne avant qu'il
s'approchât jusqu'à la table des convives.

« Qui de vous, leur dit-il, je prétends le savoir, est

assez fou et orgueilleux, ô tête sans cervelle, pour s'avancer
dans ce pays et pour s'imaginer qu'il pourra passer au
Pont de l'Épée ? En vain il est venu se donner tant
de mal, en vain il a dépensé tous ses pas. »

Celui qu'il insultait ne perdit rien de son sang-froid
et répondit sur le ton le plus calme :

« C'est moi qui veux passer le pont.

— Toi ? Toi ? Comment as-tu osé te forger cette
idée ? Avant de te risquer dans pareille entreprise, il
te fallait te demander comment elle pourrait se conclure
pour toi. Tu aurais dû te souvenir de la charrette où
tu montas. De cette ignominie gardes-tu quelque honte ?
Je ne sais, mais tout homme en possession de son bon
sens n'aurait jamais tenté une aussi grande épreuve
après avoir subi semblable flétrissure. »

A ce propos si outrageant le chevalier ne daigna pas
répondre un mot. Mais le seigneur de la maison, sa femme
et ses enfants ont bien motif à s'étonner au plus haut
point.

« Ah ! Dieu, se dit chacun, quelle mésaventure !
Que maudite soit l'heure où l'on songea pour la première
fois à faire une charrette. Vile et méprisable invention !
Ah ! Dieu, de quoi l'accusa-t-on ? Pour quel péché,
pour quel forfait l'avoir mené sur la charrette ? On
lui jettera ce reproche à la face, toujours. S'il en était
exempt, aussi loin que s'étend le monde, on ne trouverait pas un autre chevalier dont la vaillance, éprouvée
autant qu'on voudra, ressemblât à la sienne. Qu'on
imagine une assemblée de tous les preux : on n'en verrait aucun de plus noble et plus beau, si l'on disait
la vérité. »

Telle était leur commune pensée. Mais l'autre, ivre d'orgueil, reprend ses vilenies :

« Chevalier, toi qui t'en vas au Pont de l'Épée, écoute un peu : tu passeras l'eau, si tu veux, sans peine et gentiment. Grâce à moi tu feras dans une barque une rapide traversée. Mais, s'il me plaît, quand je t'aurai sur l'autre bord, de te réclamer un péage, alors je te prendrai la tête, ou ne la prendrai pas, suivant mon bon plaisir. »

Lui répond qu'il ne cherche pas son propre malheur : il ne va pas aventurer sa tête ainsi, dût-il payer fort cher le passage du pont.

« Puisque tu ne veux pas accepter mon conseil, reprit l'outrecuidant, il te faudra venir dehors et me combattre corps à corps, que pour toi ou pour moi honte et deuil en résultent.

— Si je pouvais refuser ce combat, je m'en dispenserais très volontiers, lui répond le héros pour lui donner le change ; mais j'aimerais bien mieux y consentir que si je devais m'exposer à un sort plus fâcheux. »

Avant de se lever de table il demande aux valets qui le servaient de seller vite son cheval et de lui apporter ses armes. Si prompts à obéir qu'ils en sont essoufflés, les uns emploient leur zèle à le vêtir de son armure et les autres déjà lui amènent son destrier. Sachez-le bien : tandis qu'en selle il avançait au pas, armé de pied en cap, tenant l'écu par les énarmes, il n'apparaissait pas qu'on dût oublier de le mettre au nombre des plus beaux et vaillants chevaliers. Son cheval et son écu à son bras semblaient à lui de droit, tant ils lui convenaient. Sa tête s'emboîtait si bien dans son heaume lacé que celui-ci n'avait pas l'air d'une pièce d'emprunt.

Mais vous auriez juré, tant cet accord vous aurait plu,
que notre chevalier portait ce heaume à sa naissance
et qu'ensemble ils avaient grandi. Ce que je vous dis là,
j'aimerais qu'on le crût.

Hors du manoir, dans une lande où le combat devait
se dérouler, celui qui réclamait la joute attendait. Dès
qu'ils se voient, les deux ennemis galopent l'un vers
l'autre à bride abattue. Dans cette attaque à fond de
train, ils échangent de si rudes coups avec leurs lances
qu'elles ploient en arceau et volent en éclats. Alors
du tranchant des épées ils amincissent leurs écus, leurs
heaumes, leurs hauberts. Par les brèches du bois brisé,
du fer rompu, ils se font de multiples blessures. Chacun
des coups reçus est en paiement rendu, comme s'ils
respectaient dans leur rage un contrat. Mais souvent
les épées atteignent en glissant la croupe des chevaux.
De sang elles s'abreuvent tout leur soûl en entaillant
les flancs des destriers qu'une commune mort finalement abat.

Après leur chute sur le sol, les chevaliers se ruent l'un
contre l'autre à pied. Ils se haïraient à la mort qu'en
vérité de leurs épées ils n'échangeraient pas d'attaques
plus sauvages. La grêle de leurs coups tombe plus drue
que les deniers jetés par le joueur de dés inlassable
à doubler sa mise aussi souvent qu'il perd. Cependant
ils jouaient un jeu bien différent, fait non de coups
vainement hasardés, mais des cruels assauts d'un farouche combat.

Tout le monde était sorti du manoir, la dame et le
seigneur, leurs filles et leurs fils. Il n'y eut personne
à rester, ni celle-ci ni celui-là, qu'il fût ou non de la
maisnie. Côte à côte ils étaient venus regarder la bataille
au milieu de la vaste lande. Le chevalier à la charrette

en est à s'accuser de lâcheté quand il se voit observé
par son hôte. Il s'aperçoit aussi que tous les autres spectateurs fixent leurs yeux sur lui. De fureur il tremble
tout entier : il devrait, pense-t-il, avoir vaincu depuis
longtemps son ennemi. Alors des coups précipités de
son épée il lui environne la tête. Il fond sur lui ainsi
qu'un ouragan, car il le force à reculer, puis sans relâche
le pressant, de plus en plus il gagne du terrain. Sous
cet assaut l'autre est bien près de perdre haleine, et le
voilà presque hors de défense. A cet instant le chevalier
se ressouvint que son offenseur lui avait reproché la
charrette avec des mots ignominieux. Il le déborde
en l'attaquant de biais et le traite si bien qu'il rompt
tous les lacets autour du col de son haubert. Il le décoiffe
de son heaume et fait de compagnie voler à terre sa
ventaille. Le malheureux, qui n'en peut plus, est obligé
de se rendre à merci, comme en fuyant l'émerillon
l'alouette est à bout de ressource et n'a pas de refuge,
à peine l'a-t-il dépassée en la dominant de son vol. Le
vaincu lui aussi, tout honteux qu'il en soit, se met à
implorer pitié : que ferait-il de mieux ? Le vainqueur
lui dit aussitôt en suspendant les coups de son épée :

« Tu veux que je t'épargne ?

— Vous n'auriez su parler avec plus d'à-propos,
mais un simple d'esprit dirait-il autrement ? Jamais
je n'eus envie de rien autant que d'obtenir ma grâce
en ce moment.

— Alors il te faudrait monter sur une charrette.
Tous les discours que tu pourrais me débiter ne serviraient à rien, si tu ne montais pas dans la charrette
après que ta bouche insensée a vilement osé me la
reprocher.

— Ne plaise à Dieu que j'y monte jamais !

— Non ? Eh bien ! votre mort est prochaine.

— Sire, à coup sûr, vous pourrez me tuer. Mais de par Dieu je vous demande grâce, à condition pourtant que je ne sois contraint de monter en charrette. Hors celle-ci, j'accepterai votre sentence, aussi dure soit-elle. Oui, j'aimerais mieux être mort que d'avoir consenti à pareille infortune. Tout autre châtiment que vous m'infligerez, je voudrai le subir, quoi qu'il m'en coûte, en retour du pardon que j'obtiendrais de vous. »

Tandis qu'il crie merci, voilà qu'à l'amble arrive en traversant la lande une demoiselle montée sur une mule fauve. Sans guimpe et les cheveux flottants, elle cinglait sa bête à grands coups d'escourgée. Nul cheval au galop n'aurait aussi vite couru que cette mule à l'amble. La demoiselle adressa ce salut au chevalier de la charrette :

« Chevalier, que Dieu te mette au cœur une parfaite joie née de l'objet qui fait tes plus chères délices ! ».

Il entendit ces mots d'une oreille charmée.

« Dieu vous bénisse, demoiselle, répond-il ; puisse-t-il vous donner la joie et la santé ! »

Elle ne cacha pas plus longtemps son vouloir :

« Chevalier, en me hâtant beaucoup, je suis venue de loin vers toi pour demander un don : la récompense en sera généreuse, autant que je pourrai. Un temps viendra où tu auras besoin de mon secours, je crois.

— Dites-moi, répond-il, ce que vous désirez. Si je l'ai, vous pourrez l'obtenir sur-le-champ, pourvu qu'il ne m'en coûte trop d'accorder la requête.

— De ce chevalier que tu as vaincu, je demande

la tête. En vérité, jamais tu n'as trouvé quelqu'un d'aussi félon. Va, tu ne commettras aucun péché. Tu feras au contraire un acte méritoire aux yeux de Dieu. D'être aussi déloyal, on n'en vit et l'on n'en verra jamais. »

Quand le vaincu entend qu'elle tient à sa mort, il s'écrie :

« Ne la croyez pas. Elle me hait. Ayez pitié de moi, je vous en prie par le nom de ce Dieu, fils et père à la fois, qui pour mère voulut sa fille et sa servante.

— Ah ! chevalier, répliqua la pucelle, n'écoute pas ce traître. Que Dieu te donne honneur et joie en comblant tes souhaits et qu'il octroie un éclatant succès à ta haute entreprise ! »

Alors le chevalier est si embarrassé qu'un bon moment il reste en train de réfléchir : donnera-t-il la tête à celle qui l'exhorte à la trancher ou bien son cœur indulgent au vaincu s'ouvrira-t-il à la pitié ? A celui-ci, à celle-là il veut accorder leur demande. Il lui est ordonné par Largesse et Pitié de les contenter tous les deux, car il avait en lui l'une et l'autre vertu. Que la demoiselle emporte la tête, et Pitié aura succombé ; mais qu'elle doive y renoncer, anéantie sera Largesse. Il se sent prisonnier de leur double contrainte : chacune le tourmente et lui perce le cœur. La demoiselle en s'adressant à lui veut recevoir le présent de la tête, et d'autre part un souhait de ce genre offense sa bonté et sa noble nature. Puisque son adversaire a fait appel à sa miséricorde, en sera-t-il exclu ? Non, car jamais à aucun vaincu réduit à lui crier merci, s'agît-il de son pire ennemi, le chevalier ne refusa de faire grâce à la première fois, sans vouloir cependant renouveler cette clémence. Il pardonnera donc, en suivant sa coutume, à celui-ci, qui le supplie. Mais celle-là, qui réclame la tête, aura-t-elle ce don ? Oui, s'il peut.

« Chevalier, dit-il au vaincu, il te faut derechef combattre contre moi, non sans que je t'accorde une grande faveur, si tu es décidé à défendre ta tête, car je te laisserai récupérer ton heaume et t'armer de nouveau, tout à loisir, de pied en cap, du mieux que tu pourras. Mais sois certain que ta mort est venue, si je l'emporte une seconde fois.

— Voilà mes vœux comblés. Je ne demande pas d'autre faveur.

— Eh bien ! je te concède encore un notable avantage : en luttant avec toi, je ne bougerai pas de l'endroit où je suis. »

L'autre rajuste son armure. Aussitôt leur duel reprend avec fureur. Mais à ce coup le chevalier déjà vainqueur dans le premier combat eut le dessus plus aisément.

La demoiselle à l'instant s'écria :

« Ne l'épargne pas, chevalier, quoi qu'il puisse te dire. Ah ! il ne t'aurait pas épargné, lui, dès la première fois qu'il t'aurait vaincu. N'en doute pas : si tu le crois, il te prendra encore dans ses lacs. Noble chevalier, tranche la tête au plus déloyal que la terre ait produit et donne-la moi. Pourquoi dois-tu me faire ce présent ? C'est qu'il arrivera un jour où je t'en récompenserai, je crois. Mais lui, s'il peut, de sa bouche perfide il te trompera de nouveau. »

Le vaincu voit que sa mort est prochaine. A grands cris il implore merci. Mais ni ses cris ni tout son plaidoyer ne lui servent à rien. Son vainqueur en le tirant vers lui par son heaume en rompt tous les lacets et fait sauter aussi sa ventaille et sa coiffe aux mailles scintillantes.

Le malheureux, aussi vite qu'il peut, redouble sa prière :

« Grâce, de par Dieu ! Grâce, vaillant chevalier !

— Aussi vrai que je tiens au salut de mon âme, jamais plus je n'aurai pitié de toi, puisqu'une fois déjà je t'ai laissé une dernière chance.

— Ah ! n'écoutez pas mon ennemie ; vous feriez un péché en m'infligeant cette mort misérable. »

Mais celle qui veut tellement le voir périr reprend son exhortation : vite il faut le décapiter et ne plus croire ce qu'il dit. Le coup s'abat : il fait voler la tête au milieu de la lande et s'écrouler le corps. Ce dénouement plaît fort à la pucelle. Le chevalier saisit par les cheveux la tête et lui tend ce présent qui l'enivre de joie.

« Puisse ton cœur, dit-elle en remerciant, recevoir de l'objet qu'il désire le plus un bonheur égal à celui qu'en cet instant procure au mien l'objet de ma plus grande haine. Rien ne me contristait, sauf qu'il restait trop longuement en vie. De ma part un guerdon t'attend : il te viendra bien à propos. Tu n'auras pas à regretter, je te le garantis, d'avoir voulu me rendre ce service. Maintenant je m'en vais. Que de tous les périls Dieu te mette à l'abri ! »

Là-dessus la demoiselle part, après que l'un l'autre ils se sont recommandés à Dieu. Mais tous les spectateurs du combat dans la lande ont senti croître en eux la joie. Transportés d'allégresse, ils sont très prompts à désarmer le chevalier et de leur mieux s'emploient à l'honorer. Sans plus attendre ils relavent leurs mains, car ils voulaient reprendre place à table. Ils sont en belle humeur bien plus que de coutume. Aussi de leur gaîté ils assaisonnent le repas. Quand ils eurent mangé en prenant tout leur temps, le vavasseur dit à son hôte assis à son côté :

« Sire, voilà longtemps que nous vînmes ici du royaume de Logres. Nous sommes nés là-bas et nous voudrions bien qu'honneur et succès éclatant soient votre lot dans ce pays où nous restons. La joie et le profit seraient aussi pour nous et pour maints autres exilés, si tout vous souriait sur le chemin que vous suivez.

— Dieu puisse vous entendre », a répondu le chevalier.

Dès que le vavasseur eut fini de parler, l'un des fils à son tour s'exprima de la sorte :

« Sire, tous les moyens qui dépendent de nous, nous devrions les mettre à votre entier service et préférer le don à la simple promesse. Vous auriez grand besoin de recevoir notre aide : ne pas l'offrir avant que vous la demandiez ne serait guère à notre honneur. Que la mort de votre cheval ne vous inquiète pas, car on trouve céans de très bons destriers. J'ai un si grand désir que vous preniez de notre avoir : pour remplacer votre cheval, vous pourrez emmener le meilleur de chez nous ; vous ne sauriez vous en passer.

— J'accepte volontiers », répondit-il.

Alors on s'occupa de préparer les lits et tous vont se coucher. Quand parut le jour, les trois compagnons furent vite debout et bientôt prêts à s'en aller. Au moment de partir, le chevalier ne manque en rien au savoir-vivre : il prend congé de la dame, du seigneur, et puis de toute la maisnie. Mais il me faut aussi rapporter ce détail, pour ne rien oublier : il ne voulut pas pour lui du cheval qu'on lui avait offert devant la porte ; il lui

convint de l'échanger contre celui qui servait de monture
à l'un de ses deux compagnons. Quand chacun fut en
selle, ils commencent leur route avec la permission de
leur hôte obligeant qui de tout son pouvoir les avait
honorés. Ils ne cessent de suivre un chemin qui va droit
jusqu'à l'heure où le jour penche vers son déclin. Bien
après none, à l'approche du soir, ils sont arrivés au
Pont de l'Épée.

Devant l'entrée de ce pont effrayant, ils mettent
pied à terre. Ils voient fuir l'eau perfide aux flots noirs
et grondants ; torrent boueux, elle épouvante autant
que le fleuve infernal ; tous ceux qui tomberaient dans
son courant périlleux et profond seraient aussi près
de leur fin que si la mer polaire avait fait d'eux sa proie.
Le pont qui la franchit n'est pareil à nul autre et jamais
n'exista, jamais n'existera plus méchant pont, plus
détestable passerelle : une épée bien polie qui brillait
de blancheur s'offrait pour tout passage au-dessus de
l'eau froide. Mais n'allez pas douter que cette épée
fût roide et forte. Elle mesurait bien deux lances en
longueur. Il y avait, sur chaque rive, un grand billot
de bois où elle était fichée. Inutile de craindre une chute
causée par sa rupture ou son fléchissement ! Et pourtant, à la voir, il ne semblerait pas qu'elle puisse porter
un fardeau très pesant. Ce qui décourageait beaucoup
les compagnons du chevalier, c'est qu'à l'extrémité
du pont, sur l'autre bord, ils croyaient voir deux lions,
ou bien deux léopards, enchaînés à un bloc de pierre.
L'eau, le pont et les lions, tout les glace d'effroi, les fait
trembler de peur.

« Ah ! sire, supplient-ils, fiez-vous au conseil que vous donnent vos yeux : il vous faut l'accepter. Ce pont, quel assemblage affreux, quelle horrible charpente ! Si vous ne retournez maintenant sur vos pas, vous vous repentirez trop tard. Dans plus d'un cas, avant d'agir, on doit délibérer. Imaginons que vous soyez passé — et cet exploit ne saurait s'accomplir, pas plus que vous ne pouvez interdire aux vents de souffler ni aux oiseaux d'oser faire entendre leurs chants, pas plus qu'à l'homme il n'est permis de retourner dans le sein de sa mère et de naître à nouveau, non, pas plus qu'on ne pourrait épuiser l'océan —, comment arrivez-vous à vous persuader que ces deux lions pleins de fureur, enchaînés de l'autre côté, ne voudront pas vous arracher la vie, puis s'abreuver de votre sang, dévorer votre chair, enfin ronger vos os ? Nous nous sentons bien trop hardis, rien que d'oser les regarder. Si vous restez insoucieux de vous-même, ils vous feront mourir, n'en doutez pas. En peu de temps ils vous auront mis en lambeaux sans aucune merci. Ayez pitié de vous et restez avec nous. Vous manquerez à vos devoirs envers vous-même, si de gaieté de cœur vous vous jetez dans un péril où votre mort est si certaine.

— Seigneurs, répond-il en riant, soyez amplement remerciés puisque mon sort vous tourmente à ce point. Votre émoi part d'un cœur ami et généreux. Je sais qu'en aucune façon vous ne voudriez mon malheur. Mais je me fie à Dieu en qui je crois : il me sauvera n'importe où. Ni ce pont ni cette eau ne me font plus de peur que ce sol ferme sous mes pieds. Passer sur l'autre bord est un péril où je veux me risquer : je vais m'y préparer. Plutôt mourir que reculer. »

Ses compagnons sont à bout d'arguments, mais tous

les deux, saisis de compassion, laissent un libre cours aux pleurs et aux soupirs. Lui de son mieux s'apprête à traverser le gouffre. Conduite étrange et merveilleuse : il ôte à ses pieds, à ses mains, l'armure qui les couvre. Il n'arrivera pas indemne et sans entaille au terme de l'épreuve. Mais sur l'épée plus affilée que faux il se sera tenu bien fermement, mains nues et tout déchaux, car il n'a conservé souliers, chausses ni avant-pieds. Il ne s'inquiétait pas trop de se faire des plaies à ses mains et ses pieds. Il aimait mieux s'estropier que tomber du pont et prendre un bain forcé dans cette eau d'où jamais il ne pourrait sortir. En souffrant le tourment qu'on prépara pour lui il accomplit l'affreuse traversée. Il a les mains, les pieds et les genoux en sang. Mais d'Amour qui le guide, il reçoit baume et guérison. C'est pourquoi son martyre était pour lui délices. S'aidant des mains, des pieds et des genoux, il réussit enfin à parvenir au but.

Alors il lui ressouvient des deux lions qu'il pensait avoir vus quand il était sur l'autre rive. Il jette autour de lui les yeux : rien, pas même un lézard, pas le moindre animal qui soit à redouter. Il élève sa main à la hauteur de son visage, observe son anneau et ainsi a la preuve, en n'apercevant plus aucun des deux lions, qu'il a été trompé par un enchantement ; car il n'y avait là aucun être vivant.

Quand ils ont vu comment il est passé, ses compagnons, sur l'autre bord, acclament son exploit avec la joie que l'on devine. Il est vrai qu'ils ne savent pas quel prix il a coûté. Lui cependant ne jugeait pas comme un mince profit de n'avoir pas subi un plus cruel dommage. Tandis qu'avec sa chemise il étanchait le sang qui coulait de ses plaies, il vit droit devant lui une massive tour. Jamais ses yeux n'en avaient regardé d'aussi puissante ; on ne pouvait rêver plus superbe donjon.

C'était là que le roi Baudemagus était venu s'accouder à une fenêtre. Il se montrait fort diligent et d'un sens aiguisé chaque fois que l'honneur et la vertu étaient en cause : avant tout il voulait demeurer fidèle à la loyauté. Près de lui s'était appuyé son fils ; autant qu'il le pouvait, ce dernier se conduisait sans cesse à l'opposé, car il trouvait du charme à la déloyauté ; jamais les vilenies, les trahisons, les cruautés ne lui causaient de lassitude et de dégoût. D'en haut tous les deux avaient vu le chevalier franchir le pont dans un immense effort, une horrible douleur. De rage en a blêmi Méléagant. Il sait que désormais on lui disputera la reine. Il était cependant si vaillant chevalier qu'il ne craignait la force et la fureur d'aucun adversaire au monde. Nul ne l'aurait surpassé en valeur s'il n'eût manqué de bienveillance et de droiture ; mais il avait un cœur de pierre inaccessible à la douceur et la pitié.

Ce qui plaisait au père attristait fort le fils. Le roi savait très bien que le vainqueur du pont n'avait pas son pareil ici-bas. Qui donc aurait osé passer sur un tel pont avec un cœur où logerait la lâcheté, plus prompte à prodiguer la honte à ses élus que la prouesse aux siens ne dispense l'honneur ? C'est ainsi : prouesse a moins de poids que paresse et que lâcheté, car il est plus aisé, n'en doutez pas, de pratiquer le mal que de faire le bien.

Je pourrais discourir longtemps sur ce vice et cette vertu. Mais ce serait trop m'attarder. Je prends visée ailleurs et je retourne à mon récit. Écoutez en quels mots le père au fils fait la leçon :

« C'est par hasard, mon fils, que nous sommes venus, toi et moi, nous accouder à cette fenêtre. Pourtant nous en voilà récompensés : nous avons fort bien vu s'accomplir une action d'une audace à laquelle on n'atteignit jamais, même en pensée. Allons, dis-moi si tu refuses ton estime au héros de cet exploit merveilleux. Fais la paix avec lui, rends-lui sans condition la reine. Tu ne gagneras rien à lutter contre lui, tandis que tu pourrais y perdre grandement. Consens donc à passer pour sage et pour courtois : fais mener la reine vers lui ; n'attends pas qu'il soit en face de toi. Accorde-lui dans ton pays cette marque d'honneur : qu'il reçoive de toi, avant de l'avoir demandé, ce qu'il vient rechercher. Tu ne l'ignores pas, c'est la reine Guenièvre. Évite qu'on te juge obstiné, insensé, orgueilleux. Si le chevalier que voici est sur ta terre sans ami, tu dois lui faire compagnie. Il faut que le prud'homme attire le prud'homme et lui témoigne égards et prévenances. Il ne doit pas le tenir à l'écart. On s'honore soi-même en honorant autrui. Sois-en certain : l'honneur sera pour toi, si tu rends honneur et service à celui qui se montre à souhait le meilleur chevalier du monde.

— Dieu puisse me confondre, a répondu Méléagant, s'il n'en existe pas d'égal ou de meilleur ! »

Son père, à tort, l'avait trop méconnu. Lui ne se jugeait pas d'une moindre valeur.

« Peut-être voulez-vous, poursuivit-il, que je devienne son vassal, mains jointes et pieds joints, et que je tienne ma terre de lui ? J'en atteste Dieu, j'aimerais mieux l'avoir pour seigneur que si je lui rendais la reine. Hé bien ! non, je ne la rendrai pas. En combattant je la disputerai à tous ceux qui seront assez fous et osés pour venir la chercher. »

Le roi est cependant revenu à la charge :

« Mon fils, tu montrerais beaucoup de courtoisie en renonçant à cet entêtement. Choisis la paix : c'est ma prière et mon conseil. Tu sais bien que ce chevalier se trouvera tout déconfit s'il n'a pas à lutter pour obtenir de toi la reine. Il doit à coup sûr mieux aimer la délivrer les armes à la main qu'en profitant d'un geste généreux, car sa victoire accroîtra son renom. C'est pourquoi, selon moi, il ne demande pas qu'on la lui rende à l'amiable : il veut te l'arracher en combattant. Aussi agirais-tu de la bonne façon en lui confisquant sa bataille. Choisis la paix : c'est ma prière et mon conseil. Si tu méprises mon avis, il m'importera peu que tu aies le dessous ; et sache bien qu'un grand malheur peut t'arriver, car ce chevalier n'a lieu de redouter personne, excepté toi. Au nom de tous mes hommes et au mien, je lui accorde entière sauvegarde. Je n'ai jamais commis une déloyauté : je ne vais pas me mettre à faire le félon, pas plus pour toi que pour un étranger. Je n'entends pas te bercer d'illusions : j'ai le ferme propos de procurer au chevalier tout ce dont il aura besoin, armes et destrier, puisque si hardiment il est parvenu jusqu'ici. Tout le monde, sauf toi, aura grand soin de ne porter aucune atteinte à sa sécurité. Je veux t'en avertir une dernière fois : s'il peut te tenir tête, il n'aura pas à craindre un seul autre ennemi.

— Pour l'heure, fait Méléagant, j'ai tout le temps de garder le silence et de vous écouter. Aussi vous me direz tout ce qu'il vous plaira. Mais votre long discours ne me touche que peu. Je n'ai pas l'âme d'un ermite, ou d'un brave homme, et ne veux pas non plus m'attacher à l'honneur au point de céder à votre héros ce que

j'aime le plus. Il n'arrivera pas au bout de sa besogne
aussi vite, aussi lestement que vous et lui vous le croyez :
il en ira tout autrement. S'il trouve en vous un allié
contre moi, nous n'allons pas nous incliner pour ce
motif. Que pacifiquement vous et tous vos vassaux
vous le preniez sous votre sauvegarde, eh ! que m'importe
à moi ? Mon cœur ne faiblit pas un instant pour si peu.
Au contraire il me plaît beaucoup, et Dieu m'en soit
témoin, que nul, sauf moi, ne lui impose. Je ne vous
requiers pas de faire en ma faveur un acte où l'on puisse
encourir un soupçon de déloyauté. A votre gré soyez
bonhomme et laissez-moi ma cruauté.

— Comment ? Veux-tu en rester là ?

— Oui.

— Alors je ne dis rien de plus. Agis désormais de
ton mieux : je te quitte et je vais parler au chevalier.
Je veux lui offrir sans réserve et mon secours et mon
conseil, car je me sens acquis tout entier à sa cause. »

Alors le roi descendit de la tour. Sur son ordre on
lui amena un grand destrier tout sellé. Il mit le pied
à l'étrier, enfourcha son cheval, et prenant avec lui,
sans plus, trois chevaliers et deux sergents, il s'en alla
tout le long de la pente et ne s'arrêta pas avant qu'il
approchât du pont. Avec ses compagnons il regarda
celui qui étanchait toujours le sang de ses blessures.
Le roi s'imaginait qu'il l'aurait longtemps pour son hôte
en attendant qu'il fût guéri ; mais il aurait aussi bien
pu se flatter d'assécher la mer.

En grande hâte il descendit de sa monture. A l'instant le blessé se dressa de toute sa taille en face de lui :
non qu'il l'eût reconnu, mais il avait ainsi l'air d'ignorer
autant que s'il n'eût rien souffert la douleur qui le
torturait à ses pieds, à ses mains. Le roi remarqua

bien qu'il rassemblait ses forces. Aussi accourut-il vers
lui pour le saluer en lui disant :

« Sire, je suis vraiment surpris que vous soyez à l'impro-
viste arrivé jusqu'à nous dans ce pays. Mais soyez-y
le bienvenu : qui jamais tentera une telle entreprise ?
A personne il n'arriva jamais et jamais il n'arrivera
de pousser l'audace assez loin pour se jeter dans un si
grand péril. Sachez-le : mon amitié pour vous s'accroît
au plus haut point, puisque vous avez accompli ce que
nul n'oserait endurer seulement en pensée. Vous me
trouverez envers vous loyal, généreux et courtois.
Je suis le roi de cette terre et je vous offre, autant qu'il
vous plaira, mon aide et mon conseil. De plus en plus
je devine aisément quelle quête vous poursuivez. Je
crois que vous cherchez à délivrer la reine.

— Sire, vous ne vous trompez pas. Je ne viens pas
ici pour une autre raison.

— Ami, vous auriez bien du mal avant d'y réussir.
N'êtes-vous pas cruellement blessé ? Je vois le sang
qui coule de vos plaies. Celui qui l'a conduite ici n'aura
pas le cœur assez généreux pour vous la rendre sans
combat. Il faut plutôt vous reposer, faire panser vos
plaies jusqu'à leur guérison. Vous recevrez de moi
du baume aux trois Maries et de l'onguent meilleur,
s'il s'en trouvait, car je veux avant tout vous voir bien
rétabli. Dans sa captivité la reine est respectée : elle
échappe au vouloir de qui pourrait la convoiter, et
même de mon fils, qui fut son ravisseur. Il s'en irrite
fort : jamais mortel déçu ne fut transporté comme lui
de rage et de folie. Mais moi je n'ai pour vous que de
bons sentiments. Je vous pourvoirai volontiers de tout
ce qu'il vous faut. Si bien armé que soit mon fils, je

saurai vous donner, sûr de le chagriner, des armes non
moins bonnes, et aussi le cheval dont vous avez besoin.
En outre je vous prends sous ma protection envers
et contre tous, dût-on s'en indigner. Vous vous méfie-
rez à grand tort de quelqu'un parmi nous, sauf de celui-là
seul qui contraignit la reine à le suivre en ces lieux.
Jamais on ne fut menacé autant que lui par moi : d'un
peu plus je l'aurais chassé de ma terre, exaspéré par
son refus de vous rendre sa proie. Pourtant il est mon
fils. Mais n'en tenez pas compte : s'il ne remporte la
victoire en luttant contre vous, il ne pourra vous causer
malgré moi le plus léger dommage.

— Sire, soyez-en remercié ! Mais ici je perds trop
mon temps : je ne veux pas le gaspiller. Je ne me plains
de rien, je ne me sens gêné par aucune blessure. Aussi
conduisez-moi jusqu'à mon ennemi, car sans avoir
besoin d'être armé autrement je suis prêt à tenir dans
l'échange des coups ma partie sur-le-champ.

— Ami, il vaudrait mieux pour vous attendre ou
quinze jours ou trois semaines, jusqu'au moment où
vous serez guéri. Vous vous trouveriez bien de prendre
du repos durant quinze jours pour le moins. A aucun
prix je ne supporterais que vous combattiez sous mes
yeux équipé comme vous voilà : je ne saurais soutenir
ce spectacle.

— S'il ne vous déplaisait, je me contenterais de ces
armes que j'ai. Je voudrais les garder et me battre
aujourd'hui, sans demander une heure, un instant de
répit. Mais par faveur pour vous, je vais prendre sur
moi de patienter jusqu'à demain ; insister de nouveau
ne servirait à rien, car je n'admettrais pas d'attendre
plus longtemps. »

Le roi lui jure alors de se plier à ce vouloir, puis il

le fait conduire à son château comme son hôte en invitant les gens chargés de le guider à le combler de soins. Chacun s'empresse d'obéir sans la moindre réserve.

Dans son ardent désir de rétablir la paix, s'il le pouvait, le roi revint près de son fils pour lui parler ainsi, en homme ami de la concorde :

« Mon fils, fais donc la paix avec ce chevalier et renonce au combat. Il est venu ici non pour se donner du bon temps, tirer de l'arc et chasser en forêt, mais pour chercher à croître en valeur et renom. Cependant il aurait grand besoin de repos, je l'ai bien constaté. S'il eût écouté mon conseil, il n'aurait pas été avant un mois et deux impatient du combat que d'ores et déjà il brûle de livrer. Crains-tu de tomber dans le déshonneur en lui rendant la reine ? Écarte cette peur : tu ne risquerais pas de blâme à ce propos, tandis qu'on commet un péché en retenant contre le droit et la raison ce qui n'est pas à nous. De grand cœur il aurait combattu sur-le-champ, malgré l'horrible état de ses mains, de ses pieds, tout tailladés, la chair à vif.

— Que vous vous tourmentez en dépit du bon sens ! répond Méléagant. Par la foi que je dois à monseigneur saint Pierre, vous ne parviendrez pas à me persuader. Au cas où je vous en croirais, on devrait bien m'écarteler. S'il recherche l'honneur, s'il recherche la gloire, eh bien ! j'en fais autant, et s'il veut à tout prix le combat, moi aussi je le veux, et cent fois plus encore.

— Je le vois bien, tu n'as que la folie en tête ; aussi tu la rencontreras. Tu vas dès demain mesurer la force de ton bras contre ce chevalier, puisque telle est ta volonté.

— Que plus grande affliction ne m'arrive jamais !

J'aimerais beaucoup mieux me battre dès ce soir, sans attendre à demain. Voyez comme je montre en ce moment un air plus désolé que de coutume. Ah ! que j'ai les yeux égarés ! Que voilà ma mine allongée ! Jusqu'à l'heure où je combattrai, je n'aurai pas un seul instant de joie et de bien-être ; je ne vivrai que dans l'ennui. »

Ces mots ont convaincu le roi qu'il multiplie en vain prières et conseils. Il quitte à contrecœur son fils, s'en va choisir un cheval excellent, des armes de grande beauté, puis il envoie le tout à qui méritait bien cet utile présent. Il y avait dans le château un homme âgé, très bon chrétien, l'être le plus loyal du monde. Il s'entendait mieux à guérir les plaies que tous les médecins de Montpellier. Durant la nuit il mit tout son savoir à bien soigner le chevalier, comme le roi le lui avait recommandé.

Déjà dans la contrée, tout alentour, chevaliers et barons, demoiselles et dames connaissaient la nouvelle. D'aussi loin qu'une grande journée de chemin à la ronde, on accourut, les étrangers non moins que les gens du pays. On chevaucha bon train jusqu'au soleil levant. Alors il y eut tant de monde amassé devant le donjon que nul n'aurait pu faire demi-tour.

A l'aube le roi fut debout. La pensée du combat le tourmentait beaucoup. Il se rend encore auprès de son fils. Déjà Méléagant a lacé sur sa tête un heaume de Poitiers. Comment retarder la rencontre et comment imposer la paix ? Pourtant le roi s'y essaie de nouveau, de tout son cœur, mais sans aucun succès. Devant la tour, au milieu de la place où la foule est venue, le duel aura lieu : ainsi le veut et l'ordonne le roi. Sans plus attendre il fait amener le chevalier étranger sur le terrain qu'envahissaient les gens du royaume de Logres. Comme à chaque retour des fêtes annuelles, à la Pentecôte, à Noël, les fidèles s'en vont, en suivant la coutume, à l'église écouter la musique des orgues, de même ils s'étaient tous rassemblés là sans exception. Pendant trois jours les demoiselles en exil, qui étaient nées au royaume d'Arthur, avaient jeûné, marché pieds nus, porté la haire, afin que Dieu donnât une force invincible au chevalier qui combattrait pour délivrer les prisonniers. De leur côté ceux du pays priaient autant le ciel de ne pas refuser l'honneur de la victoire à leur seigneur.

De bon matin, avant que sonnât prime, on avait conduit les rivaux sur le lieu du combat, armés tous deux de pied en cap, montés chacun sur un cheval bardé de fer. Méléagant avait belle prestance : il était bien proportionné, de bras, de jambes et de pieds ; son heaume et son écu suspendu à son cou lui allaient à ravir. Mais tous les spectateurs donnaient la préférence à l'autre chevalier, même ceux qui auraient souhaité sa défaite. Au prix de lui, chacun le dit, Méléagant perd toute sa valeur.

Dès qu'ils furent ainsi prêts tous deux à jouter, le roi survient : il cherche de son mieux à freiner leur ardeur, tente un dernier effort en faveur de la paix. Mais il ne peut fléchir son fils.

« A tout le moins, dit-il, ne lâchez pas la bride à vos chevaux avant que j'aie gagné le sommet de la tour. Vous ne commettrez pas un excès de bonté, si vous me concédez ce modeste répit. »

Lors il s'éloigne d'eux, en proie à son chagrin, et va

droit à la chambre où il savait qu'il trouverait la reine.
La veille au soir elle l'avait prié de la placer à un endroit
où ses yeux ne perdraient rien du combat : il avait
accordé la faveur demandée. Aussi vint-il la prendre
et l'accompagner en personne. Il avait à cœur en effet
de s'empresser pour l'honorer et lui rendre service.
Aux loges de la tour il l'installa devant une fenêtre
et lui-même, auprès d'elle, à sa droite, il demeura pen-
ché à une autre fenêtre. Avec eux il y avait là une assemblée nombreuse et variée : chevaliers, dames instruites
par la vie, pucelles nées dans le pays, et aussi beaucoup
d'exilées qui s'absorbaient dans leurs oraisons. Cap-
tives et captifs priaient toutes et tous pour leur défenseur : ils comptaient sur Dieu et sur lui pour obtenir
secours et délivrance.

Sans plus tarder les combattants font refluer la foule
aux abords de la place. Poussant du coude leur écu,
ils le ramènent en avant, passent leur bras dans les
énarmes. Partis au grand galop, de part et d'autre ils
ont plongé, de deux longueurs de bras, si violemment
leur lance à travers les écus que la voilà brisée, émiettée
comme du menu bois. A fond de train les destriers se
sont entrechoqués, front contre front, poitrail contre
poitrail. Les écus et les heaumes entrent aussi en col-
lision. Le choc a retenti avec un tel fracas qu'on aurait
cru entendre un éclat de tonnerre. Étriers, sangles,
rênes, le reste du harnais, tout s'est rompu. Les arçons,
solides pourtant, sont mis en pièces. Les chevaliers
n'eurent guère à rougir d'avoir roulé à terre après la
trahison de leur harnachement.

D'un bond, chacun d'eux fut debout. Sans vaines
hâbleries, ils foncent l'un sur l'autre avec plus de féro-
cité que ne feraient deux sangliers. A quoi bon menacer ?

De leurs épées d'acier ils s'assènent des coups en ennemis qu'emporte une haine implacable. Souvent, dans
leur farouche ardeur, ils tranchent de si ras les mailles
des hauberts et des heaumes brillants qu'un jet de sang
suit leur envol. Pour soutenir la lutte ils n'ont pas leurs
pareils, car de leurs coups accablants et cruels ils se
malmènent fort. Leur échange incessant de terribles
assauts leur fit garder longtemps un égal avantage :
à nul moment les spectateurs ne surent décider lequel
des deux avait ou le dessus ou le dessous. Mais il était
fatal que le héros vainqueur de l'épreuve du pont sentît
enfin sa force abandonner ses mains blessées. L'épouvante
saisit ceux qui tenaient pour lui : ils voient faiblir ses
coups ; ils ont peur qu'il ne soit promis à la défaite.
Il leur semblait déjà qu'il succombait, que Méléagant
l'emportait. Des paroles d'effroi circulaient parmi eux.

Mais aux fenêtres de la tour une demoiselle avisée
réfléchissait et se disait en son cœur que le chevalier
ne s'était pas déterminé à ce combat pour son humble
personne et pour le menu peuple accouru sur les lieux.
Non, s'il n'avait pas fallu le faire pour la reine, il ne
l'aurait pas entrepris. Saurait-il que la reine attache
ses regards sur lui de la fenêtre qu'elle occupe, il repren-
drait sa force et son audace : ainsi pensait la demoiselle.
Ah ! que n'est-elle assurée de son nom ? Quel plaisir
elle aurait à lui crier de regarder un peu autour de lui !
Lors elle s'approcha de la reine et lui dit :

« Pour votre bien, madame, et pour le nôtre aussi,
de par Dieu je vous en supplie, sans autre but qu'il
doive en obtenir secours, apprenez-moi le nom de ce
chevalier-là, si vous le connaissez.

— Ce dont vous me priez, demoiselle, est à mon

sens exempt de malveillance et de noirceur : je n'y vois que du bon. Le nom du chevalier est Lancelot du Lac, je crois.

— Dieu, fait la demoiselle, que mon cœur est content ! Comme à son aise il bat gaiement ! »

Elle saute en avant et lance un appel éclatant que la foule entière entendit :

« Lancelot, retourne-toi et porte tes regards sur qui t'accompagne des siens. »

A l'ouïe de son nom, Lancelot fut prompt à se retourner. Il fait volte-face et voit assise aux loges de la tour, là-haut, celle qu'au monde il désirait le plus avoir devant les yeux. Dès le moment qu'il s'aperçut qu'elle était là, il n'en détourna plus son visage et sa vue : il se défendait par derrière. Aussi Méléagant le pourchassait sans trêve en s'acharnant, ivre de joie à la pensée que désormais son ennemi ne pourrait plus lui résister. Les gens du pays exultaient. Mais les exilés, brisés par la douleur, sentaient le sol se dérober sous eux. Beaucoup furent contraints, dans leur accablement, de se laisser tomber, les uns sur les genoux, et d'autres tout à l'abandon. Ainsi la tristesse et la joie régnaient en même temps.

« Ah ! Lancelot, s'écria de nouveau la demoiselle à la fenêtre, d'où peut bien provenir ta conduite insensée ? Tu ne cessais d'avoir naguère en toi toute prouesse et toute perfection. Je ne crois pas que Dieu ait jamais fait paraître un chevalier qui pût se comparer à toi pour la valeur et le renom. Et maintenant nous te voyons si égaré que ta main au hasard jette ses coups derrière toi, que tu combats le dos tourné ! Va te mettre où il faut, en demeurant devers ce côté-ci, sans délaisser des yeux ce beau donjon qu'il est si bon de regarder. »

Lancelot tient ce qu'il a fait pour une honte et une vilenie : il en est arrivé à se haïr lui-même ; il ne peut douter en effet qu'il n'ait eu trop longtemps le dessous. Toutes et tous s'en sont bien aperçus. Il saute à reculons et tourne ainsi Méléagant qu'il place alors de force entre la tour et lui. Méléagant déploie beaucoup d'efforts pour repasser du bon côté. Mais Lancelot se rue sur lui et le repousse avec l'écu si violemment, de tout son poids, qu'à chaque tentative il le fait pivoter, deux fois, trois fois, sans lui demander son consentement. Chez le héros grandit la force avec l'audace : Amour lui apportait un secours infini, qui lui venait aussi de n'avoir jamais haï quelqu'un autant que son adversaire en ce combat. Amour et sa haine mortelle, auparavant inégalée, lui font en s'unissant un cœur si résolu que Méléagant ne songe pas du tout à voir dans ses assauts une plaisanterie. La peur s'empare du félon : jamais il n'a connu de chevalier aussi hardi, jamais aucun ne l'a tellement harassé. C'est volontiers qu'il s'éloigne de lui ; il se dérobe à son approche et choisit la retraite ; il n'a que peu d'amitié pour ses coups, refuse ce présent. Lancelot s'abstient de le menacer, mais d'estoc et de taille il le repousse vers la tour où s'appuyait la reine à l'une des fenêtres. A plus d'une reprise il a rempli ses devoirs de vassal envers sa dame en rapprochant son adversaire au plus près d'elle, à la limite exacte où il lui fallait demeurer pour la bonne raison qu'en avançant d'un pas encore il n'eût plus aperçu celle qu'il voulait voir. Ainsi souventefois, en tous sens, il refoulait, puis ramenait Méléagant, comme il le trouvait bon, pour ne s'arrêter, invariablement, que juste sous les yeux de la reine sa dame. Elle avait allumé dans ses veines le feu qui l'animait sans trêve à tant la regarder. Cette flamme avivait à tel point son ardeur contre Méléagant qu'il pouvait à son gré le pourchasser, le faire aller où qu'il lui plût. L'autre a beau rechigner : le voilà promené comme un aveugle et comme un homme avec une jambe de bois.

Le roi voit que son fils est épuisé, qu'il ne se défend plus. Il a le cœur serré, saisi de compassion. Il donnera, s'il peut, remède à ce malheur. Mais pour s'y prendre bien, il lui faut adresser sa prière à la reine. Il se met aussitôt à lui parler ainsi :

« Je ne vous ai jamais, Madame, marchandé les preuves d'amitié, les offres de service et les marques d'honneur, depuis que votre sort a dépendu de moi. Chaque fois que j'ai pu en trouver le moyen, je me suis empressé de m'employer pour vous, si je voyais que votre dignité en serait rehaussée. L'heure est venue pour vous de me récompenser. Ce que je veux vous demander, vous devriez pourtant m'en refuser le don, si vous ne cédiez pas à la pure amitié. Je vois bien que mon fils a le dessous sans contredit dans ce combat. Si je vous fais une prière à son sujet, ce n'est pas que je sois fort chagriné par sa défaite, à condition pourtant que Lancelot, le maître de sa vie, ne le tue pas. Non, vous ne devez pas vouloir sa mort. Je n'oublie certes pas qu'en s'acharnant contre vous deux il l'a bien méritée, mais pour me faire grâce à moi, dites à Lancelot, je vous supplie, de renoncer à lui porter le coup fatal. Ainsi vous aurez pu, si vous y consentez, me revaloir mes bons offices envers vous.

— Beau sire, puisque vous m'en priez, j'y consens volontiers. Aurais-je une haine mortelle envers votre fils, que je ne puis aimer, vous m'avez obligée d'un cœur si généreux que je veux bien, pour vous faire plaisir, voir Lancelot le laisser vivre. »

Ces mots ne furent pas répondus à voix basse : ils furent entendus de Lancelot et de Méléagant. Qui aime est prompt à obéir. Bien vite et de plein gré il fait ce qui doit plaire à son amie, quand il est épris tout entier. Lancelot devait-il se conduire autrement, lui qui aima bien mieux que ne fit Piramus, s'il exista jamais un plus loyal amant ? Oui, Lancelot avait entendu la réponse : aussi dès que les derniers mots se furent envolés des lèvres de la reine, à peine eut-elle dit : « Puisque vous souhaitez qu'il renonce à sa mort, je le veux bien », dès cet instant, pour rien au monde, il n'aurait plus touché son adversaire, il n'aurait plus bougé, au risque de périr. Il arrête ses coups, il demeure immobile. Méléagant par contre autant qu'il peut le frappe. Il est devenu fou de colère et de honte en entendant qu'il est déchu au point qu'il faille intercéder pour lui. Alors le roi, voulant le raisonner, descendit de la tour. Venu sur le lieu du combat, il apostrophe ainsi son fils :

« Comment ? Est-il donc élégant de le frapper, alors que lui ne te porte aucun coup ? Ta fureur et ta cruauté s'exercent trop en ce moment. Par malheur tu es preux bien trop à contretemps. Nous savons sûrement que c'est lui le vainqueur. »

Méléagant, que sa honte égarait, lui répliqua :

« Il se pourrait que vous ayez perdu la vue. Oui, je crois bien que vous n'y voyez goutte. Il faut être aveuglé pour mettre en doute ma victoire.

— Cherche donc, fait le roi, qui soit prêt à te croire !

Tous ceux qui sont ici savent très bien si tu dis vrai ou si tu mens. Nous savons bien où est la vérité. »

Le roi commande alors à ses barons de lui tirer son fils en arrière. On lui obéit aussitôt : Méléagant est maîtrisé. Mais pour retenir Lancelot il ne fallut pas dépenser de grands efforts : l'autre aurait pu le maltraiter beaucoup avant qu'il se résolût à lui riposter.

« De par Dieu, dit le roi, il te faut maintenant consentir à la paix ; tu dois rendre la reine et renoncer sans arrière-pensée à pareille dispute.

— Vous avez dit une ineptie ! J'ai la tête rompue de toutes vos sornettes ! Allez-vous-en et laissez-nous combattre. Ne vous mêlez donc plus de cette affaire.

— Je prétends m'en mêler, lui répondit le roi, car je suis bien certain qu'il te tuerait si l'on vous permettait de vous combattre encore.

— Il me tuerait ? Mais non, c'est moi qui le tuerais, en un clin d'œil. Je serais le vainqueur, si vous ne veniez pas nous déranger ni faire obstacle à ce combat.

— De par Dieu, tout ce que tu peux dire est dit en pure perte.

— Pourquoi ?

— C'est que tout simplement je me refuse à t'écouter. Je ne me fierai pas à ta folie et ton orgueil qui te conduiraient à mourir. Insensé qui convoite sa mort, comme tu fais, sans même le savoir ! Oh ! je n'ignore pas que tu me hais parce que je voudrais t'empêcher de périr. Mais Dieu, c'est mon souhait, ne me laissera pas voir de mes yeux ta mort, car ce serait pour moi une affreuse douleur. »

Enfin, de remontrance en remontrance, ils ont fixé les termes de la paix. L'accord est tel : Méléagant consent à libérer la reine à condition qu'au bout d'un an, et sans

autre délai, à compter du jour même où il aura choisi
d'en sommer Lancelot, ce dernier se battra de nouveau
avec lui. Cet accord ne répugne en rien à Lancelot.
D'un seul élan la foule à la paix se rallie. On est d'avis
que la bataille ait lieu devant la cour du roi Arthur,
seigneur de la Bretagne et de la Cornouaille. Oui, c'est
bien là qu'elle doit se livrer. Mais la reine promettra-
t-elle et Lancelot voudra-t-il garantir, comme il le faut,
que si Méléagant le réduit à merci elle repartira avec
son ravisseur et que nul ne la retiendra ? La reine s'y
engage et Lancelot aussi. Voilà réglé l'accord entre les
ennemis que l'on éloigne l'un de l'autre et que l'on
désarme.

C'était la coutume au pays : dès que l'un des captifs
quittait cette contrée d'exil, tous les autres de même
en franchissaient les bornes. Chacun bénissait Lancelot.
Vous n'avez pas de peine à deviner qu'alors devait
régner une très grande joie. Elle régna en vérité. Tous
rassemblés, les exilés manifestaient leur allégresse à
Lancelot. Ils proclamaient en chœur pour qu'il enten-
dît bien :

« Oui, sire, aussitôt que nous avons entendu votre
nom, nous avons tressailli de joie, car d'emblée nous
fûmes certains que nous serions tous délivrés. »

Ces transports n'allaient pas sans une grande presse :
avec ardeur ils essaient tous de parvenir à toucher
le héros. Qui réussit à s'approcher le plus de lui ne trouve
pas de mots pour dire son bonheur. C'était joie à foison
et tristesse non moins : ceux qui ne sont plus des captifs
se livrent tout entiers à leur félicité ; mais pour Méléagant et ses féaux il n'est rien arrivé de ce qu'ils souhaitaient ; ils ne peuvent cacher un morne accablement.

Le roi retourne sur ses pas sans oublier de prendre avec lui Lancelot, qui le prie aussitôt de le conduire auprès de madame la reine.

« Je n'entends pas, répond le roi, m'opposer à ce vœu : je trouve à propos moi aussi de le réaliser. Je vous ferai de plus voir Keu le sénéchal, si vous le désirez. »

Il s'en faut de bien peu que Lancelot ne se jette à ses pieds, tant il est éperdu de·joie. Mais le roi sans délai l'emmène dans la salle, où la reine s'était rendue et attendait. Quand elle vit Baudemagus qui venait en tenant Lancelot par le doigt, elle se dressa vivement devant le roi, montra un visage chagrin, baissa la tête et garda le silence.

« Madame, dit le roi, voici que Lancelot vous rend une visite ; elle a lieu de vous faire un sensible plaisir.

— A moi ? Sire, il ne peut qu'en aller autrement. Sa visite pour moi n'offre aucun intérêt.

— Comment ! madame, répond le roi généreux et courtois, d'où naît chez vous cette présente humeur ? Certes vous commettez une grande injustice envers celui à qui vous devez tant. Durant qu'il vous cherchait, ne s'est-il pas souvent précipité pour vous dans un péril mortel ? Ne vous a-t-il pas délivrée en combattant pour vous mon fils Méléagant, qui ne vous a rendue que bien à contrecœur ?

— Vraiment, sire, il a perdu son temps. A quoi bon le nier ? De tout ce qu'il a fait je ne lui sais nul gré. »

Voici Lancelot foudroyé. Pour toute repartie il dit d'un ton très doux, comme il convient à un parfait amant :

« Madame, il est bien vrai que ma peine est cruelle et que je n'ose pas vous demander le pourquoi de votre rigueur. »

Lancelot se serait lamenté plus longtemps si la reine eût daigné l'écouter, mais pour tout à fait le confondre elle ne voulut pas lui répondre un seul mot et promptement se retira dans une chambre. Jusqu'à l'entrée Lancelot l'escorta des regards et du cœur. Le voyage des yeux ne dura pas beaucoup : trop proche était la chambre. Ils auraient bien voulu, s'ils avaient pu, la suivre plus avant. Le cœur ne connaît pas de semblables limites : plus grand seigneur, il pénétra sur les pas de la reine au-delà de la porte. Avec le corps, les yeux mouillés de pleurs restèrent en deçà.

« Lancelot, lui dit le roi en confidence, ma surprise est extrême : que signifie, d'où vient que la reine répugne à vous accorder un regard et ne consente pas à vous parler ? Si jamais elle aima converser avec vous, ce n'est pas aujourd'hui qu'elle devrait s'y refuser et fuir votre entretien, après tous vos exploits pour elle. Allons, dites-moi, si vous le savez, pour quel motif, pour quel méfait elle vous a reçu de cet air méprisant.

— Sire, il n'y a qu'un instant je ne me doutais pas de cet accueil. Mais il est sûr qu'il ne lui plaît ni de me voir ni d'entendre ma voix. Aussi je suis en grand tourment.

— Vraiment, dit le roi, elle a tort, car vous avez pour elle affronté des risques mortels. Hé bien ! venez, beau doux ami, vous parlerez avec le sénéchal.

— Oui, très volontiers. »

Ils vont ensemble auprès du sénéchal. Quand Lancelot fut devant lui, Keu lui lança d'entrée :

« Tu m'as couvert de honte !

— Moi ? fait Lancelot. A quel propos ? dites-le-moi. Comment ai-je donc pu vous causer de la honte ?

— D'extraordinaire façon. N'as-tu pas achevé l'exploit que moi je n'ai pas accompli ? Oui, tu as triomphé quand j'ai connu l'échec. »

Le roi s'en va, les laisse en tête à tête, et Lancelot demande au sénéchal s'il a beaucoup souffert :

« Oui, répond-il, et ce n'est pas fini : j'endure des douleurs plus vives que jamais. Je serais mort depuis longtemps sans le roi qui s'en va d'ici. Ému de compassion, il m'a toujours montré douceur et amitié : pas une fois, s'il était informé, je n'ai manqué des soins propres à me guérir ; à peine savait-il, le remède était préparé. Mais pour chacun de ses bienfaits, à l'opposé Méléagant, son fils expert en perfidies, mandait traîtreusement à lui les médecins et puis leur commandait de mettre sur mes plaies certains onguents qui causeraient ma mort. J'avais ainsi un père et un parâtre : oui, quand le roi, dans son zèle à vouloir ma prompte guérison, faisait lier un bon emplâtre sur mes plaies, son scélérat de fils, dans le dessein de me tuer, s'empressait d'ordonner qu'on l'enlevât et qu'on le remplaçât par un onguent nocif. Je suis tout à fait sûr que c'était à l'insu du roi : il n'aurait pas admis un meurtre aussi félon. De plus, vous ne connaissez pas sa générosité pour madame la reine : depuis le temps que Noé bâtit l'arche, jamais guetteur ne garda tour dans une marche avec plus d'attention qu'il n'a veillé sur elle. A son fils, qui s'en afflige fort, il ne permet pas même de la voir, sauf devant la foule des gens ou bien en sa présence. Il l'a traitée jusqu'à ce jour et continue de la traiter, le noble roi, grâces lui soient rendues, en lui donnant pour son honneur ces hautes sûretés qu'elle-même elle a su imaginer, car en cela il n'eut jamais d'autre conseiller qu'elle. C'est elle qui régla sa manière d'agir, et l'estime du roi pour elle s'est accrue, quand il a vu combien son cœur était loyal. Mais m'a-t-on fait un fidèle rapport en me disant son courroux contre vous, si grand que devant tous elle a refusé de vous adresser un seul mot ?

— On ne vous a dit que la vérité. Mais, grand Dieu ! pourriez-vous m'expliquer pourquoi elle me hait ? »

Keu lui répond qu'il n'en sait rien, mais qu'il s'en trouve étrangement surpris.

« Qu'il en soit donc selon sa volonté ! fait Lancelot, qui doit se résigner. Il ne me reste plus qu'à m'en aller d'ici. J'irai chercher monseigneur Gauvain, car il est lui aussi entré dans ce pays et entre nous il était entendu qu'il se rendrait tout droit au Pont dans l'Eau. »

Là-dessus il sort de la chambre et s'en va voir le roi qu'il prie de le laisser partir en quête de Gauvain. Le roi bien volontiers lui donne son accord. Mais ceux qu'il avait arrachés à leur captivité lui demandent ce qu'ils feront.

« Viendront avec moi, leur dit-il, tous ceux qui le voudront. Ceux qui aimeront mieux rester près de la reine, à leur gré ! Rien ne les oblige à m'accompagner. »

Les volontaires l'ont suivi, plus heureux pour leur part qu'ils n'étaient de coutume. Avec la reine ont demeuré dames et demoiselles qui s'abandonnent à leur joie, maints chevaliers aussi. Pourtant toutes et tous auraient plus de plaisir à retourner dans leur pays qu'à prolonger encore leur exil. Mais la reine s'oppose à leur départ trop prompt, car messire Gauvain s'achemine vers eux.

« Je ne m'en irai pas, déclare-t-elle, avant d'avoir de ses nouvelles. »

***

De tous côtés le bruit s'est répandu : la reine est libé-
rée et tous les captifs avec elle. Sans faute ils s'en iront
dès qu'il leur conviendra. « Est-ce bien vrai ? » deman-
dent-ils entre eux. Pas une fois, dans leurs rassemble-
ments, les exilés n'échangèrent de mots sur un autre
sujet. Ils n'ont aucun regret que soient détruits tous
les passages périlleux. L'on va et l'on vient comme on
veut. Quel changement s'est accompli !

Quand parmi les gens du pays ceux qui n'avaient
pas vu se livrer le combat eurent appris comment Lancelot s'était comporté, ils s'avancèrent du côté où ils
savaient que lui-même il allait : ils croyaient qu'ils
feraient un grand plaisir au roi en lui menant le héros
prisonnier. Lui et ses compagnons avaient négligé de
s'armer. Aussi leurs agresseurs venus en armes n'eurent
pour eux que du mépris. Qu'on ne s'étonne pas s'ils se
sont emparés d'un Lancelot qui ne pouvait leur résister
et l'ont forcé à rebrousser chemin, les deux pieds atta-
chés sous le ventre de son cheval !

« Seigneurs, vous agissez fort mal, protestent les
captifs. En effet le roi nous protège : il nous a tous mis
sous sa sauvegarde.

— Nous n'en savons rien, leur réplique-t-on, et vous
devrez comme nos prisonniers venir jusqu'à la cour. »

Une rumeur au vol rapide arrive au roi : ses gens se
sont saisis de Lancelot et l'ont tué. Quand il connaît
ce bruit qui court, il s'afflige et s'indigne : il jure par son
chef — et ce fut son moindre serment — que les auteurs
de cette mort en mourront eux aussi. Jamais ils ne
pourront justifier un tel acte et, s'il les tient entre ses

mains, il ne restera plus qu'à les faire périr ou par la corde ou par le feu ou par noyade. Essaieront-ils de nier ? Ils ne parviendront pas à le persuader : ils ont trop mis son cœur en deuil et lui ont infligé un affront si cruel qu'on devrait en jeter le reproche sur lui, s'il n'en prenait vengeance. Mais qu'on n'en doute pas, il saura se venger !

Cette nouvelle en circulant partout est contée à la reine à l'heure où elle était assise dans la salle au nombre des convives. Elle fut sur le point d'attenter à sa vie, dès qu'elle sut le sort de Lancelot. C'était un faux rapport, mais qu'elle croyait vrai. Son trouble est si profond que la voilà presque impuissante à prononcer un mot. Mais pour tous ceux qui étaient là, elle dit à voix haute :

« Vraiment sa mort me cause un immense chagrin. Si j'en suis attristée, ce n'est pas sans raison : il vint pour moi dans ce pays. Aussi comment n'aurais-je pas de peine ? »

Ensuite elle se dit tout bas, crainte d'être entendue, qu'il ne faut plus jamais lui demander de boire et de manger, s'il est vrai que soit mort celui de qui la vie se confondait avec la sienne. Elle ne tarde pas dans sa désolation à se lever de table et va se lamenter loin des oreilles indiscrètes. Un tel égarement la pousse à se tuer que souvent de ses mains elle serre sa gorge. Mais elle prend le temps de se confesser toute seule : son repentir lui fait battre sa coulpe ; ardente à se blâmer, elle s'accuse sans répit de son péché contre celui dont elle savait bien qu'il n'avait jamais omis d'être à elle. Il le serait toujours, s'il respirait encore. Elle a des regrets si amers d'avoir été cruelle que sa

beauté en est fort altérée. Ses remords joints à sa veille
et son jeûne ont fait se ternir l'éclat de son teint. De
tous ses manquements elle établit la somme ; chacun
d'eux reparaît et passe devant elle ; aucun n'est oublié.

« Hélas ! dit-elle maintes fois, quand mon ami vint
devant moi, où avais-je l'esprit pour n'avoir pas daigné
lui faire bon accueil ni voulu l'écouter un instant ?
En refusant de le regarder et de lui parler ne fis-je
pas une folie ? Une folie ? Grand Dieu, je commis bien
plutôt une funeste cruauté. Cependant ce n'était à
mes yeux que par jeu. Mais lui pensa qu'il en allait
tout autrement et n'a pas pu m'accorder son pardon.
Je crois que nul autre que moi ne lui porta le coup
mortel. Alors que souriant il parut devant moi, en comptant sur ma joie, sur le plaisir que j'aurais à le voir,
n'était-ce pas un coup mortel pour lui que de lui envier
la faveur d'un regard ? Oui, mon refus de lui dire un
seul mot lui arracha en un moment la vie avec le cœur.
Ce double attentat l'a tué : aucun autre soudard ne
fut l'instrument de sa mort. O ciel ! pourrai-je racheter
ce meurtre et ce péché ? Mais non : on aura vu plus
tôt les fleuves desséchés et la mer se tarir. Hélas ! que
je me sentirais sauvée du désespoir, si une seule fois,
avant sa mort, je l'avais tenu dans mes bras ! Comment ?
Ah ! oui, moi nue contre lui nu, pour mieux m'abandonner à mon bonheur. Maintenant qu'il n'est plus, ce
n'est que lâcheté si je ne vole point au-devant du trépas.
Mais quoi ? Serait-ce donc offenser mon ami qu'après
sa mort je reste en vie, alors que je ne sais où goûter
un plaisir, sinon dans les tourments que j'endure pour
lui ? Tandis qu'après sa mort voilà mon seul délasse-
ment, quel baume aurait mis sur son cœur, quand il
vivait, cette souffrance, objet présent de ma ferveur !

Elle est d'un faible prix, l'amie qui préfère la mort à la douleur subie pour son ami. Il est pleinement à mon gré de supporter longtemps le poids de mon chagrin. Plutôt vivre et souffrir les rigueurs du destin que mourir et trouver un éternel repos. »

Deux jours durant la reine consternée resta sans boire et sans manger. Finalement on crut qu'elle avait rendu l'âme. Il est beaucoup de gens à porter des nouvelles, et la triste plutôt que l'heureuse nouvelle. Le bruit parvient à Lancelot que celle qui était sa dame et son amie ne voyait plus le jour. Il s'abîma dans la douleur, n'en doutez pas. Chacun peut deviner combien il s'affligea. Au vrai, si vous tenez à le savoir. il conçut dans son deuil le dégoût de sa vie. Il veut se tuer sur-le-champ, mais non sans déplorer tout d'abord ses disgrâces. Il fait un nœud coulant à l'un des bouts de la ceinture qu'il portait, puis il se dit à lui-même ces mots, les yeux mouillés de larmes :

« Ah ! Mort ! quel guet-apens tu m'as dressé ! Ma vigueur est entière et tu me prives de mes forces. Je suis tout abattu et ne sens aucun mal, excepté le chagrin qui m'oppresse le cœur. Ce chagrin lui aussi est une maladie, et mortelle il est vrai. Je consens qu'il me soit fatal, et j'en mourrai, s'il plaît à Dieu. Comment ? Si Dieu m'interdit cette mort, ne pourrai-je mourir autrement ? Hé bien ! si, pourvu qu'il ne m'empêche pas de serrer ce nœud sur ma gorge. Ainsi j'ai bon espoir de réduire la mort à me tuer en dépit d'elle. Cette mort qui toujours ne désira que ceux qui ne veulent pas d'elle refuse de venir ; mais capturée par ma ceinture, elle sera conduite jusqu'à moi. Dès que j'aurai sur elle autorité, elle fera tout mon souhait. Cependant

c'est d'un pas trop lent qu'elle viendra, tant je suis
impatient de la tenir en mon pouvoir. »

Alors sans plus attendre il passe dans le nœud sa tête
et le fixe autour de son col. Pour être sûr de s'étrangler,
il lie étroitement sa ceinture par l'autre bout à l'arçon
de sa selle, sans éveiller l'attention de personne. Ensuite
vers le sol il se laisse glisser. Il se voulait traîné par son
cheval jusqu'au point d'expirer. Non, il ne daignait pas
vivre une heure de plus. En le voyant tombé à terre,
ceux qui chevauchaient avec lui croient tout d'abord
qu'il s'est évanoui, car nul d'entre eux ne remarqua
le nœud coulant. Ils l'ont tout aussitôt relevé dans leurs
bras. Alors ils trouvèrent le lacs qui avait fait de lui
l'ennemi de lui-même. Ils ne furent pas longs à trancher
le lien. Mais le lacet lui avait sur la gorge appliqué la
sentence avec tant de rigueur qu'il lui fallut du temps
pour recouvrer la voix. Toutes les veines de son cou
étaient presque rompues. L'aurait-il ardemment voulu,
il était dès lors impuissant à se faire du mal. Il lui répugnait fort d'être gardé de près. L'ardeur de son tourment
faillit le consumer, car de grand cœur il se serait tué,
si nul ne l'avait surveillé.

« Mort, dit-il en voyant qu'il ne peut se détruire,
ah ! Mort vile et perverse, n'avais-tu donc pas assez
de puissance pour me prendre moi au lieu de ma dame ?
Peut-être aurais-tu craint de faire une bonne œuvre
en daignant consentir à mon vœu ! Ta félonie t'en
empêcha : on ne te prêtera aucune autre raison. Quelle
insigne faveur ! Quel trait de ta bonté ! Comme il a
bien touché une cible de choix ! Que maudit soit qui te
sait gré d'un aussi beau service ! Je me demande en
vain de qui je suis le plus haï, ou de la Vie trop attachée
à moi, ou de la Mort se refusant à me tuer. Ainsi des

deux côtés me vient un coup fatal. Mais j'ai bien mérité,
ô ciel ! de vivre malgré moi, car j'aurais dû rechercher
le trépas sitôt que la reine, ma dame, eut montré sous
mes yeux qu'elle me haïssait. Ce n'est pas sans raison
qu'elle agit de la sorte. Elle était animée par un juste
motif, mais j'ignore lequel. Si je l'avais connu, avant
que son âme allât devant Dieu, j'aurais su réparer mon
erreur envers elle avec autant d'éclat qu'elle aurait
souhaité, pourvu qu'elle acceptât de m'accorder ma
grâce. Ah ! ce forfait, qu'a-t-il été ? Peut-être a-t-elle
appris, je le crois bien, que j'ai monté sur la charrette.
Je ne vois de quel acte elle peut m'accuser, sinon de
celui-là. C'est lui qui m'a perdu. Mais si sa haine vient
de là, Dieu ! pourquoi ce forfait m'a-t-il causé du tort ?
Pour me le reprocher, il faut n'avoir jamais compris
ce qu'est Amour. Bouche d'homme serait impuissante
à citer une conduite inspirée par Amour et digne d'encourir un blâme. Tout ce qu'on fait pour son amie n'est
rien qu'amour et courtoisie. Mais moi je n'ai rien fait
pour mon « amie ». Je ne sais comment dire, hélas !
Je ne sais si je dois dire ou non « mon amie ». Je n'ose
pas lui donner ce doux nom. Mais je me crois assez instruit dans l'art d'aimer pour bien savoir qu'elle n'aurait
pas dû me juger avili par la honte subie, si elle m'eût
aimé : elle m'eût au contraire appelé son ami au cœur
loyal, puisque je ne trouvais qu'honneur à obéir pour
elle aux volontés d'Amour, fût-ce en montant sur la
charrette. Elle aurait dû voir là un effet de l'amour
et son signe accompli : Amour éprouve et reconnaît
ainsi ses fidèles vassaux. Mais tout mon dévouement
a déplu à ma dame. Ah ! je m'en suis bien aperçu à
l'air dont elle m'accueillit. Pourtant ce qu'il a fait valut
plus d'une fois à son ami honte et reproche à cause

d'elle. Oui, j'ai joué cette partie que blâment tant de gens, et mon bonheur si doux naguère est devenu mon amertume. Allons, n'est-ce pas là l'ouvrage coutumier de ceux qui n'entendent rien à l'amour et qui lavent l'honneur aux ruisseaux de la honte ? Ils le souillent au lieu de lui rendre sa pureté. Profanes toujours prêts à témoigner ainsi leur mépris pour Amour ! D'eux-mêmes les voilà bannis bien loin de lui ceux qui se rient de ses commandements. A coup sûr on accroît grande-ment son mérite en faisant tout ce qu'il ordonne. Rien n'est plus digne de pardon, et l'on déchoit en n'osant pas lui obéir. »

C'est en ces mots que Lancelot se lamentait. A ses côtés ses compagnons, qui le gardaient et le tenaient, avaient le cœur serré. Mais entre-temps la nouvelle leur vient que la reine est toujours de ce monde. Aussitôt Lancelot reprend goût à la vie : s'il avait eu aupara-vant un désespoir immense en croyant que sa dame était morte, il fut plus transporté cent mille fois de joie en apprenant qu'elle vivait. Comme ils n'étaient plus éloignés que de six ou sept lieues de la demeure où séjournait Baudemagus, on informa le roi, qui fut tout oreilles à cette nouvelle et la trouva fort à son gré, que Lancelot était vivant et qu'il approchait en par-faite santé. Le roi, en galant homme, alla vite avertir la reine.

« Beau sire, je le crois, lui répond-elle, puisque c'est vous qui me le dites. S'il était mort, je vous le garantis, je n'aurais plus jamais connu que la tristesse. Oui, ma joie s'enfuirait bien loin, après qu'un chevalier aurait perdu la vie par dévouement pour moi. »

Là-dessus le roi se retire. Il tardait à la reine de voir sa joie et son ami lui revenir ensemble. Elle n'a plus

la moindre envie de lui tenir rigueur. Et puis la renommée qui sans arrêt court par monts et par vaux a derechef soin de l'instruire : Lancelot aurait mis fin pour
elle à ses jours, s'il l'avait pu ! Elle savoure la nouvelle,
y croit de tout son cœur. Pourtant à aucun prix elle
n'accepterait qu'un trop grand malheur lui fût survenu.

Maintenant Lancelot arrive en se hâtant. A peine
l'eut-il aperçu, le roi courut lui donner l'accolade. Il
aurait cru avoir des ailes, tant sa joie le rendait léger.
Mais ceux qui avaient pris et lié Lancelot la lui font
tourner court. Ils sont venus, déclara-t-il, pour leur
malheur, car leur mort est déjà un fait tout accompli.
Pour seule excuse ils lui ont répondu qu'ils avaient
bien pensé agir selon son vœu.

« J'en ai le déplaisir, répliqua-t-il, si votre exploit
vous parut bon. Ne parlons pas de Lancelot. Le personnage honni par vous, ce n'est pas lui, c'est moi, car ma
protection l'escortait. En tout cas la honte est pour
moi. Mais vous n'en rirez pas, au moment où mes mains
vous livreront à d'autres. »

A ces mots Lancelot travaille de son mieux à calmer
ce courroux : il y parvient. Alors le roi le mena voir
la reine. Elle ne baissa pas les yeux à cette fois, mais
d'un air de bonheur elle vint l'accueillir, le combla
d'attentions, le fit asseoir près d'elle. Ensuite ils tinrent
à loisir tous les propos qui furent à leur gré. Ils n'eurent
pas à chercher de matière : Amour leur prodiguait les
sujets d'entretien. Quand Lancelot voit que l'heure est
propice et que tout ce qu'il dit charme sa dame, il lui
demande alors tout bas :

« Je cherche en vain, Madame, à découvrir pourquoi vous m'avez l'autre jour fait si mauvais visage

en me voyant. Vous n'avez pas voulu m'adresser un
seul mot ; d'un peu plus votre accueil m'aurait donné
la mort. Je ne fus pas alors assez hardi pour vous prier
de m'éclairer, comme je l'ose en ce moment. Je suis
tout prêt, Madame, à réparer mon tort, pourvu que vous
m'ayez révélé le forfait qui m'a réduit au désespoir. »

La reine lui répond :

« Comment ? Et la charrette ! Oubliez-vous qu'elle
vous fit honte et grand-peur ? Vous y êtes monté avec
trop de regret : n'avez-vous pas été en retard de deux
pas ? Voilà pourquoi, en vérité, je n'ai voulu ni vous
parler ni vous accorder un regard.

— Dieu me préserve une autre fois d'un tel méfait !
dit Lancelot. Qu'il n'ait jamais pitié de moi, si vous
n'avez très justement agi ! Madame, acceptez à l'instant réparation de mon péché. Si vous devez me par-
donner un jour, au nom du ciel, dites-le-moi.

— Ami, votre péché vous est remis entièrement.
De tout mon cœur je vous pardonne.

— Grâces vous soient rendues, Madame. Mais ici
je ne puis vous déclarer tout ce que je voudrais. Il me
plairait de vous parler plus à loisir, s'il se pouvait. »
La reine alors, du coin de l'œil, et non du doigt, lui
montre une fenêtre.

« Venez ce soir, dit-elle, me parler à cette fenêtre
à l'heure où tout le monde en ces lieux dormira. Vous
passerez par ce verger. Vous ne pourrez vous-même
entrer céans comme un hôte accueilli pour la nuit.
Nous serons moi dedans, vous dehors. Vous ne parviendrez pas à pénétrer ici. Je ne pourrai non plus
arriver jusqu'à vous, sauf par les mots que je dirai
ou bien avec la main. Mais pour l'amour de vous je

resterai à la fenêtre où j'attendrai le jour, si c'est votre plaisir. Ne songeons pas à nous rejoindre : en face de moi, dans ma chambre, est couché Keu, le sénéchal, qui tout couvert de plaies ne cesse de languir. De plus, ne comptez pas entrer par l'huis : il est très bien fermé, non moins bien surveillé. Prenez garde en venant que nul espion ne vous rencontre.

— Madame, autant qu'il dépendra de moi, aucun espion qui concevrait de mauvaises pensées et tiendrait des propos médisants ne me verra. »

Ainsi leur rendez-vous est pris. Ils se séparent dans la joie.

*
* *

Quand Lancelot sort de la chambre, il sent un tel bonheur qu'il ne lui souvient plus de ses tourments passés. Mais la nuit lui paraît bien trop lente à venir. Le jour, qui mit sa patience à bout, lui dura plus que tout l'espace d'une année. Comme l'amant irait bien vite au rendez-vous, si la nuit fût tombée ! Enfin dans son combat contre le jour, elle remporte la victoire après l'avoir couvert de sa ténébreuse épaisseur, jetée sur lui comme une chape.

En voyant succomber le jour, Lancelot se donna un air de lassitude. Il avait trop veillé, il avait besoin de repos, affirma-t-il. A vous qui d'aventure avez agi de même, il vous est aisé de saisir qu'il feignait la fatigue et se faisait conduire à son coucher pour engeigner les gens de son hôtel. Mais son lit n'eut pour lui que de faibles attraits : rien ne l'aurait contraint à céder au sommeil. Il ne l'aurait pas pu, ne l'aurait pas osé ; il n'aurait pas voulu non plus l'oser ni le pouvoir.

D'un pied prompt et léger, le voilà hors du lit. Il ne regretta pas que le ciel eût perdu la lune et les étoiles, que lampe, lanterne et flambeau, tout fût éteint dans le manoir. Constamment aux aguets, il s'avança sans donner d'alerte à personne. Il demeurait certain pour tous qu'il dormirait à poings fermés dans son lit jusqu'au matin. Sans compagnon pour l'escorter, il se hâta d'aller du côté du verger. Il ne fit aucune rencontre. Autre chance pour lui : un pan du mur clôturant le verger s'était écroulé depuis peu. Il se glissa par cette brèche et bientôt arriva tout près de la fenêtre. Il se tint là, immobile et muet, se gardant bien d'éternuer et de tousser. Puis la reine apparut dans la blancheur d'une chemise ; elle n'avait pas mis de cotte et de bliaut, mais portait seulement par-dessus un manteau court d'écarlate et de cisemus. Quand Lancelot s'aperçoit que la reine appuie son front vers lui contre les gros barreaux de fer dont la fenêtre était grillée, il lui adresse avec des mots très doux un salut qu'elle rend aussitôt, car un même désir les entraînait, lui vers elle, elle vers lui.

Il n'entrait rien de laid, tout n'était qu'agrément dans les propos qu'ils échangeaient. Ils se sont assez rapprochés pour se tenir tous les deux par la main. Mais impuissants à se rejoindre mieux, ils sentent l'un et l'autre une disgrâce extrême. Maudite soit cette grille de fer ! Cependant Lancelot se fait fort, si la reine y consent, d'entrer lui aussi dans la chambre : l'obstacle des barreaux ne l'arrêtera pas.

« Vous ne voyez donc pas, lui répond-elle, comme il est malaisé de les faire ployer, combien ils sont durs à briser ? Vous aurez beau les serrer dans vos poings et les tirer à vous, vous ne pourrez les arracher.

— Madame, éloignez ce souci ! Je ne crois pas que ce fer me résiste. Au monde il n'est que vous à pouvoir m'empêcher de venir jusqu'à vous. Si vous me donnez votre accord, le chemin m'est ouvert ; mais si vous hésitez à me répondre oui, il offre alors pour moi tant de difficultés que nul effort ne me ferait passer.

— Oui, je le veux. Ce n'est pas mon vouloir qui s'oppose à votre venue. Attendez pourtant, il le faut, que je sois recouchée. Craignez que par malheur vous ne fassiez du bruit ! Nous n'aurions pas à nous féliciter, s'il nous advenait en troublant le silence de réveiller le sénéchal qui dort dans cette chambre. Aussi c'est bien raison que je retourne dans mon lit, car il ne pourrait pas le prendre en bonne part, s'il me voyait debout devant cette fenêtre.

— Alors ne restez pas là plus longtemps, Madame. Mais n'ayez pas la moindre peur qu'il puisse m'arriver de faire trop de bruit. Je crois que ces barreaux me céderont très gentiment, sans me donner beaucoup de mal, sans que je rompe aucun sommeil. »

A ces mots la reine s'en va, tandis qu'il se met en devoir de vaincre la fenêtre. Il s'attaque aux barreaux, les tire, les tiraille et réussit en les ployant à les desceller tous. Mais leur fer était si coupant qu'au petit doigt il s'ouvrit jusqu'aux nerfs la première phalange et se trancha au doigt voisin la première jointure. Il ne s'aperçut pas qu'il perdait de son sang, goutte à goutte, il ne souffrait d'aucune de ses plaies, car un émoi bien différent l'absorbait tout entier. La fenêtre était à quelque hauteur. Lancelot cependant la franchit lestement. Il trouva Keu plongé dans le sommeil. Alors il s'avança jusqu'au lit de la reine.

Devant elle il s'incline et lui rend une adoration, car

il ne croit autant aux reliques des saints. Mais la reine lui tend les bras à sa rencontre, et puis l'enlace et l'étreint sur son cœur, et l'a bientôt près d'elle attiré dans son lit. Elle lui fait le plus beau des accueils, avec une ferveur sans retenue, car Amour et son cœur inspirent son transport. C'est Amour qui la pousse à cette bienvenue. Mais si d'un grand amour elle aima Lancelot, lui fut épris mille et mille fois plus, car Amour fit faux bond à tous les autres cœurs, quand on songe combien il enrichit le sien. Bien mieux, c'est dans son cœur qu'Amour reprit une entière vigueur au point de s'étioler dans tous les autres cœurs. Maintenant Lancelot voit ses vœux exaucés, puisqu'à la reine agréent sa compagnie et son soulas, puisqu'il la tient entre ses bras et qu'elle entre ses bras le tient.

Dans son plaisir d'amour il goûte un tel bonheur, né des baisers, de toute la fête des sens, qu'il leur advint en vérité un prodige de joie. Jamais encore on n'entendit parler de pareille merveille. Mais je saurai toujours me taire à son propos. Tout conte doit la passer sous silence. La plus haute et la plus délectable des joies fut celle que le conte entend garder secrète.

Toute la nuit Lancelot fut en grand déduit. Mais le jour vient, ennemi de sa joie, puisqu'il doit se lever d'auprès de son amie. Alors il fut tout semblable aux martyrs, tant s'arracher de là lui parut un supplice. Son cœur s'obstine à retourner où la reine est restée. Le remmener est hors de son pouvoir. La reine a trop charmé le cœur pour qu'il consente à la quitter. Le corps s'en va, le cœur séjourne.

Lancelot s'en revient tout droit vers la fenêtre. Il a pourtant laissé derrière lui assez de son être de chair pour que les draps restent tachés du sang qui tomba

9

de ses doigts. Il part la mort dans l'âme, en poussant des soupirs, les yeux mouillés de pleurs. Nul autre rendez-vous n'est pris, hélas ! mais il faut qu'il en soit ainsi. Comme il repasse avec regret la fenêtre par où il eut la joie d'entrer !

Ses blessures aux doigts, qui n'étaient plus entiers, n'avaient rien de léger. Pourtant il redressa tous les barreaux de fer et les remit en place : il n'apparaissait pas sur leurs quatre côtés que l'on eût enlevé ou ployé l'un d'entre eux. Se tournant vers la chambre avant de s'en aller, il fléchit les genoux, comme s'il se trouvait en face d'un autel. Puis il s'éloigne, étreint par le chagrin, et regagne son lit sans qu'on le rencontre et le reconnaisse. Il se dévêt, se couche, assez chanceux pour n'éveiller personne. Alors, à sa surprise, il s'aperçoit pour la première fois que ses doigts sont blessés. Ce méchef ne le trouble pas, car il sait bien qu'il s'est fait tout ce mal en arrachant du mur la grille en fer de la fenêtre. Aussi ne songe-t-il pas à se plaindre : il aurait mieux aimé sacrifier ses deux bras que renoncer à forcer le passage. S'il se fût, il est vrai, en toute autre occasion causé une blessure aussi vilaine, il n'aurait pas manqué de s'en désoler fort.

*
* *

Sur le matin la reine avait cédé au sommeil le plus doux dans sa chambre aux belles tentures. Elle était loin de soupçonner que des taches de sang paraissaient sur ses draps. Elle aurait cru plutôt qu'ils conservaient l'honnête éclat de leur blancheur. Or Méléagant, à peine fut-il habillé, se rendit dans la chambre où la reine était couchée. Il la trouva les yeux ouverts et vit aussi les taches de sang frais qui parsemaient ses draps. Il poussa du coude aussitôt ceux qui l'accompagnaient et tourna ses regards vers le lit du sénéchal, en homme prompt à découvrir le mal. Là aussi, les draps étaient tachés de sang ! C'est que les blessures de Keu pendant la nuit s'étaient rouvertes.

« Madame, s'exclama Méléagant, je n'ai pas à chercher de meilleures enseignes ! C'est bien vrai : qui s'acharne à veiller sur l'honneur d'une femme a la tête à l'envers. Il y perd sa peine et son temps. Elle fait plus vite quinaud son gardien le plus vigilant que celui qui ne prend aucune précaution. Mon père, on le voit maintenant, a été un gardien merveilleux, lui qui veille sur vous à cause de moi. Il vous a bien protégée contre moi. Mais cette nuit Keu, le sénéchal, vous a regardée de fort près, malgré mon père, et de vous il a fait toute sa volonté. Ce sera chose aisée de prouver le délit.

— Comment ?

— Par du sang, bon témoin, qui est là sur vos draps, puisqu'il me faut le dire. Oui, je sais tout, je prouve tout, du seul fait que je vois sur vos draps et les siens le sang qui coula de ses plaies. Ces taches ne sont pas des enseignes trompeuses. »

Lors la reine aperçut pour la première fois les draps souillés de sang dans l'un et l'autre lit. Elle tomba des nues. Elle eut grand-honte et devint écarlate.

« De par Dieu, protesta-t-elle, ce sang que je regarde sur mes draps, jamais le sénéchal n'est venu l'y répandre, et le nez m'a saigné cette nuit, voilà tout. Oui, je crois bien que j'ai saigné du nez. »

Elle pensait dire la vérité.

« Par mon chef, répliqua Méléagant, vous me payez de mots qui sont un pur néant. Vous tenez vainement un langage menteur. Vous êtes bel et bien convaincue d'infamie. La vérité sera prouvée. »

Puis il dit s'adressant aux gardes présents dans la chambre :

« Seigneurs, ne bougez pas d'ici et jusqu'à mon retour ayez soin d'empêcher que l'on n'ôte ces draps. Je veux que mon bon droit soit reconnu du roi quand lui-même aura vu la preuve qui est là. »

Il va trouver son père et se jette à ses pieds :

« Ah ! sire, lui dit-il, venez voir ce dont vous n'avez pas le plus léger soupçon. Oui, venez voir la reine et vous contemplerez l'authentique merveille apparue à mes yeux. Mais d'abord je vous prie de ne pas me dénier mon droit à la justice. Ignorez-vous de quels périls j'ai couru l'aventure afin de conquérir la reine ? J'y ai gagné d'avoir en vous un ennemi, puisqu'à cause de moi vous la faites garder. J'ai été ce matin l'observer, alors qu'elle était encore couchée, et j'en ai vu assez pour comprendre aisément que chaque nuit Keu partage son lit. Sire, pour Dieu ! ne soyez pas choqué si j'en souffre et m'en plains : j'éprouve un grand dépit de n'avoir de sa part que haine et que mépris, tandis que chaque nuit elle couche avec Keu.

— Tais-toi, répond le roi, je ne saurais le croire.

— Hé bien ! sire, venez voir les draps et le bel état où Keu les a mis. Puisque vous n'avez pas confiance en ma parole et que vous me prenez pour un menteur, je vais vous montrer les draps et la courtepointe ensanglantés par les blessures de Keu.

— Allons-y donc, je veux m'en assurer. Ce sont mes yeux qui m'apprendront la vérité. »

Le roi sans plus tarder se rendit dans la chambre où

il trouva la reine en train de se lever. Il vit que dans son lit, et dans celui de Keu aussi, les draps étaient tachés de sang.

« Madame, lui dit-il, voilà qui va fort mal, si mon fils m'a dit vrai.

— Grand Dieu, répondit-elle, on n'a jamais conté, même en parlant d'un mauvais rêve, un mensonge aussi effrayant. Je crois que le sénéchal Keu est assez courtois et loyal pour mériter qu'on s'en rapporte à lui. Je ne suis, quant à moi, une femme perdue qui se vend et se livre à qui veut de son corps. Vraiment, Keu n'est pas homme à réclamer de moi une telle folie. Mon cœur ne m'a jamais poussée non plus à la commettre et jamais ne m'y poussera.

— Sire, dit Méléagant à son père, combien je vous en saurai gré, si Keu expie son crime en sorte que la honte atteigne aussi la reine. Le sort de la justice est dans vos mains : exercez-la, je vous en prie. Le sénéchal a trahi son seigneur, le roi Arthur, qui lui avait confié, tant il le croyait sûr, ce qu'au monde il a de plus cher.

— Sire, intervint Keu, souffrez que je réponde et je pourrai me disculper. Quand je quitterai cette vie, que Dieu n'accorde pas de pardon à mon âme, s'il m'arriva d'entrer dans le lit de la reine. Oui, j'aimerais mieux être mort que si j'avais tenté de faire à mon seigneur une offense aussi laide. Ah ! que Dieu désormais m'empêche de guérir et que la mort me prenne en cet instant, si jamais j'en ai eu seulement la pensée. Mais je suis payé pour savoir que mes plaies cette nuit n'ont que par trop saigné, ensanglantant mes draps. C'est pourquoi votre fils refuse de me croire, alors qu'en vérité il n'en a pas le droit.

— De par Dieu, lui répond Méléagant, les diables

de l'enfer, les démons en personne vous ont joué un
vilain tour. Trop d'ardeur cette nuit s'est emparée de
vous. Vous avez trop peiné à faire la besogne et vos
plaies, qui pourrait en douter ? ont crevé. Ce que vous
nous contez ne rime à rien : dans les deux lits le sang
vous donne un démenti. La preuve est sous nos yeux
et n'est pas sans éclat. La justice le veut : il faut payer
quand on est comme vous convaincu de son crime. Un
chevalier de votre renommée fit-il jamais rien d'aussi
scandaleux ? Votre lot maintenant n'est autre que la
honte.

— Sire, sire, protesta Keu en s'adressant au roi,
pour ma dame et pour moi, je saurai repousser les armes
à la main ce dont m'accuse votre fils. Il me met au tourment, mais c'est à tort qu'il se fait mon bourreau.

— Vous êtes dispensé, répond le roi, de livrer un
combat dans l'état où vous êtes.

— Sire, avec votre congé, je vais me battre contre
lui, malgré ma présente faiblesse, et je saurai prouver
que je suis innocent de ce forfait qu'il m'attribue. »

Mais la reine a mandé Lancelot en secret. Elle déclare
au roi qu'elle aura bien un chevalier pour défendre le
sénéchal contre Méléagant, s'il ose maintenir son reproche
infamant.

« De tous les chevaliers, s'écrie Méléagant, je n'entends
pas vous en excepter un, serait-il un géant, avec qui je
ne veuille engager le combat et le poursuivre assez pour
que l'un de nous deux soit vaincu tout de bon. »

C'est juste à ce moment que Lancelot entra. Les
chevaliers qui affluaient eurent bientôt rempli la chambre.
La reine devant tous, tant jeunes que chenus, explique
sur-le-champ ce qui vient d'arriver.

« Lancelot, dit-elle, Méléagant m'a ici même accusée

de cette ignominie. Me voilà grâce à lui exposée au soupçon de tous les gens instruits de son propos, si vous n'obtenez pas qu'il se rétracte. A l'en croire, j'aurais accueilli cette nuit Keu dans mon lit, puisqu'il a vu et mes draps et les siens tachés de sang. Le sénéchal, déclare-t-il, sera convaincu de sa félonie, s'il ne peut contre lui se disculper les armes à la main ou si quelqu'un, prompt à le secourir, n'accepte d'affronter la bataille à sa place.

— Vous n'avez pas, fait Lancelot, à discourir longtemps pour votre cause en tout lieu où je sois. Ne plaise à Dieu qu'on fasse et sur vous et sur Keu peser pareil soupçon ! Je suis tout prêt à soutenir en combattant, si mon bras n'est pas sans valeur, qu'il ne conçut jamais cette noire pensée. Je le défendrai de mon mieux ; j'entreprendrai la bataille pour lui. »

Méléagant fait un bond en avant et dit :

« Que Dieu m'en soit témoin, mes désirs sont comblés. Qu'on n'aille pas s'imaginer que je me sente ému !

— Sire roi, dit Lancelot, je connais bien les règles que l'on suit dans les procès et dans les jugements. Ce n'est pas sans avoir d'abord prêté serment qu'on doit engager un combat où se règle le sort d'une aussi grave suspicion. »

Méléagant lui fait sans crainte une prompte réponse :

« Va donc pour les serments ! Qu'on apporte à l'instant les reliques des saints, car je sais bien que j'ai le droit pour moi !

— J'en atteste Dieu, riposte Lancelot, qui a pu soupçonner Keu le sénéchal de pareille infamie ne le connut jamais. »

Sans plus tarder ils réclament leurs armes et font

amener leurs chevaux. Aidés par des valets, ils vêtent
leur armure. Et voici que déjà les reliques sont là. Méléagant s'approche et Lancelot, à son côté, en fait autant.
Tous deux se mettent à genoux. Méléagant étend la
main vers les saints ossements et jure ainsi d'une voix
forte :

« J'en prends Dieu et ce saint à témoins, cette nuit
Keu le sénéchal vint tenir dans son lit compagnie à
la reine et d'elle il a reçu les dernières faveurs.

— Et moi, fait Lancelot, je récuse en toi un parjure
et je dis sous la foi du serment moi aussi qu'il n'a pas
pris son déduit avec elle. Et plaise à Dieu d'exercer
sa vengeance et de prouver la vérité contre celui qui
a menti ! Mais j'en ajoute un autre à ce premier serment, et s'en désole qui voudra ! Si je puis aujourd'hui
vaincre Méléagant, je n'aurai pas pitié de lui, aussi
vrai que je mets le salut de mon âme en Dieu et dans
le saint dont voici les reliques. »

Ce serment ne causa aucune joie au roi. Maintenant
devant eux on a mené leurs destriers, des bêtes magni-
fiques. Chacun se met en selle et fond sur l'adversaire
aussi vite que peut l'emporter son cheval. Au plus
fort du galop les deux vaillants se sont frappés si violemment qu'à l'un et l'autre il ne resta rien de leur lance,
excepté le tronçon qu'ils tenaient dans leur poing.
Les voici tous les deux renversés sur le sol. Mais ils n'en
gardent pas des airs de moribonds. Debout en un moment,
du tranchant de leurs épées nues, ils se malmènent de
leur mieux. Des heaumes battus par le fer jaillissent vers
le ciel de vives étincelles. Ils livrent leurs assauts avec
tant de fureur qu'au va-et-vient de leurs épées ils échangent leurs coups sans la moindre relâche. Ils ne souhaitent

pas de trêve où ils auraient loisir de reprendre leur souffle.

Le roi dans son tourment eut recours à la reine qui s'en était allée s'appuyer tout en haut aux loges de la tour. Il la supplie, par Dieu le créateur, de consentir à la fin du combat.

« Tout ce qui plaît à votre cœur, lui répondit la reine en bonne foi, vous pouvez l'entreprendre avec mon plein accord. »

Lancelot a bien entendu cette réponse de la reine. Dès lors il renonce à lutter, il arrête soudain le rythme de ses coups. Quant à Méléagant, il frappe de plus belle : un répit n'est pas à son goût. Le roi se jette entre eux et retient le bras de son fils qui jure que la paix est son moindre souci :

« Je veux me battre et je me moque de la paix.

— Tais-toi, répond le roi, écoute mon conseil, tu prendras un sage parti. Tu n'auras à subir ni honte ni dommage en te fiant à moi. Agis comme il le faut. As-tu donc oublié qu'une bataille est convenue entre toi et lui à la cour du roi Arthur ? Douterais-tu qu'il ne t'échoie là plus qu'ailleurs un honneur éclatant, si tu dois l'obtenir ? »

Ainsi parlait le roi pour voir s'il parviendrait à ébranler son fils. Il réussit à le calmer et sépara les combattants.

*
* *

Il tardait fort à Lancelot de retrouver messire Gauvain. C'est pourquoi il vint demander congé de s'en aller au roi, puis à la reine. Avec leur permission il s'achemina vers le Pont dans l'Eau. Les chevaliers qui l'accompa-

gnaient lui formaient une longue suite. Mais plus d'un
parmi eux lui aurait fait plaisir en restant à la cour.
A grandes journées, les voici parvenus non loin du Pont
dans l'Eau. Une lieue les en séparait encore. Mais avant
que le pont fût à la portée de leur vue, un nain juché
sur un bien grand cheval de chasse accourt à leur rencontre. Il tenait dans son poing une menaçante escourgée pour activer le train de sa monture. De prime abord
il demanda, comme il en avait reçu l'ordre :

« Qui d'entre vous est Lancelot ? Ne me le cachez
pas, je suis de vos amis. Vous pouvez me parler sans
crainte : ma question a pour but de vous aider au mieux. »

La réponse lui vint de Lancelot lui-même :

« Tu ne demandes pas un autre homme que moi.
— Ah ! Lancelot, noble chevalier, dit le nain, laisse
tes compagnons, aie confiance et viens seul avec moi.
Je vais te mener chez des gens qui te veulent du bien.
Mais que nul ne te suive, à aucun prix ! Que l'on t'attende
ici ! Nous reviendrons dans un instant. »

Ne soupçonnant aucun mauvais dessein, Lancelot
fit rester là son escorte. Il part avec le nain qui pourtant
l'a trahi. On pourrait fort longtemps attendre son retour,
car ceux qui l'ont surpris et le gardent captif ne sont
pas du tout disposés à lui rendre sa liberté. Comme il
ne revient pas, ses compagnons dans leur tourment ne
savent trop que faire. Aucun ne peut nier la trahison
du nain : ils en ont du dépit, faut-il le demander ?
Le cœur serré, ils se mettent en quête. Mais où trouver
le disparu, de quel côté le rechercher ? Tous ensemble
ils tiennent conseil. D'un commun accord, les plus
sages d'entre eux prennent la décision d'aller jusqu'au
Pont dans l'Eau, qui n'est plus éloigné, et de chercher

ensuite Lancelot en consultant messire Gauvain, s'il leur advient de le rencontrer quelque part. Tout le monde adopta sans réserves ce plan.

Ils s'en vont vers le Pont dans l'Eau. A peine y sont-ils arrivés qu'ils ont aperçu messire Gauvain. En traversant le pont, il avait trébuché : tombé dans le courant profond, tantôt il jaillissait à la surface et tantôt il coulait à pic. On le voit tour à tour paraître et disparaître.

Les chevaliers, accourus sur le bord, l'agrippent à la fin avec des branches d'arbre, avec des perches et des crocs. Il n'avait plus que son haubert au dos, sur la tête attaché son heaume de grand prix, qui à lui seul en valait dix, et ses chausses de fer qui tenaient toujours bon, mais qu'il avait rouillées en les trempant de sa sueur, car il avait souffert des fatigues sans nombre, il avait traversé en vainqueur maints périls et maintes mêlées. Pour son écu, sa lance et son cheval, ils demeuraient sur l'autre rive. Ceux qui l'ont repêché ne pensent pas qu'il soit vivant. Il avait en effet avalé beaucoup d'eau : tant qu'il n'eut pas rendu le tout, on n'entendit sortir aucun mot de sa bouche.

Mais quand il recouvra l'usage de la voix, que librement son cœur put battre de nouveau et sa poitrine respirer, dès qu'il lui fut permis de se faire comprendre, il se mit à parler sans perdre un seul instant. Il demanda bien vite à ceux qu'il voyait devant lui s'ils étaient renseignés sur le sort de la reine. Le roi Baudemagus, lui fut-il répondu, la gardait constamment à sa cour près de lui, non sans beaucoup d'obligeance et d'égards.

« Nul n'est déjà venu, fait messire Gauvain, la rechercher dans ce pays ?

— Si, Lancelot du Lac, disent les chevaliers. Il a

franchi le Pont de l'Épée, il l'a secourue, il l'a délivrée, et nous tous avec elle. Mais ensuite un nabot, un nain bossu et grimaçant, nous a trahis : il s'est ignoblement joué de nous en nous enlevant Lancelot. Nous ignorons ce qu'il a fait de lui.

— Et quand eut lieu la trahison du nain ?

— Sire, aujourd'hui, tout près d'ici, alors que nous venions à votre rencontre avec Lancelot.

— Et comment s'est-il comporté depuis son arrivée dans ce pays ? »

On entreprend de l'informer, de bout en bout on lui raconte tout, sans oublier un seul détail. On lui apprend aussi que la reine l'attend : elle assure en effet que rien ne lui ferait quitter cette terre d'exil, avant que ses yeux l'aient revu, lui aurait-on porté des nouvelles de lui.

« En nous éloignant de ce pont, demanda messire Gauvain, irons-nous en quête de Lancelot ? »

Tout le monde est plutôt d'avis qu'on aille d'abord rejoindre la reine : le roi commandera que Lancelot soit recherché, car les chevaliers croient que Méléagant, qui le hait, l'a fait emprisonner par trahison. Où que soit le captif, le roi exigera sa liberté, s'il sait où le trouver ; puisqu'il en est ainsi, ils peuvent bien attendre.

Il leur convint à tous de prendre ce parti. Aussitôt ils se mirent en route. Enfin ils approchèrent de la cour d'où n'avaient pas bougé la reine ni le roi, ni Keu le sénéchal, non plus le scélérat, pétri de félonie, qui pour le sort de Lancelot avait rempli les arrivants d'un trouble affreux. Ils se voyaient trahis, frappés d'un coup mortel, et ne cachaient pas leur accablement.

Peu courtoise était la nouvelle apportant pareil deuil à la reine. Elle n'en sut pas moins refouler de son

mieux sa douleur sous un air avenant. Ne lui fallait-il
pas, en l'honneur de Gauvain, montrer de la gaieté ?
Elle y parvint. Mais elle eut beau dévorer son chagrin,
il perçait par instants sur ses traits. Elle doit écouter
la tristesse et la joie : le cœur lui manque à la pensée
de Lancelot, mais devant messire Gauvain elle fait
mine d'être aux anges.

Chacun est morne et hors de soi en apprenant que
Lancelot a disparu. La venue de messire Gauvain et
le plaisir de le connaître auraient grandement réjoui
le roi, mais il ressent une peine si lourde en sachant
Lancelot victime d'une trahison qu'il en reste abattu
et muet de surprise. Cependant la reine l'exhorte à
faire chercher le héros d'un bout à l'autre de sa terre, et
sans perdre un instant ; Gauvain et Keu l'en supplient eux
aussi. Nul ne se dispensa de joindre à la leur sa requête.

« Laissez-moi donc, répond le roi, le soin de cette
affaire. Plus un mot là-dessus. Depuis longtemps déjà
m'y voilà résolu. Je saurai bien, sans qu'on m'en prie,
le faire rechercher. »

Chacun s'incline devant lui. A travers son royaume
il envoie aussitôt ses messagers, des sergents bien pour-
vus d'expérience et de flair. Ils se sont dans la contrée
entière enquis de Lancelot. Ils se sont informés de tous
côtés, mais n'ont rien pu apprendre de certain. Sa
trace n'est pas retrouvée. Ils s'en reviennent à la cour
où séjournaient les chevaliers, Gauvain, Keu et leurs
compagnons que voilà tous bien décidés, affirment-ils,
à s'en aller en quête, armés de pied en cap et la lance
en arrêt : ils n'enverront aucun autre à leur place.

Un jour, au sortir de la table, ils vêtaient leur armure
ensemble dans la salle — ils en étaient venus à l'heure
du devoir et n'avaient plus qu'à se mettre en chemin —

quand un valet entra. Il passe à travers eux pour s'arrêter devant la reine. Elle avait bien perdu les roses de
son teint : ignorant tout de Lancelot, elle en avait un
si grand deuil qu'une étrange pâleur altérait sa beauté.
Quand il eut adressé son salut à la reine, ensuite au
roi qui se tenait près d'elle, et puis à Keu et messire
Gauvain, à tout le monde enfin, le valet qui tenait
une lettre à la main la tend au roi. Ce dernier la prend
vite et la fait lire à haute voix par quelqu'un d'entendu
à pareille besogne. Celui qui la lisait leur dit sans ânon-
ner ce qu'il voyait écrit sur le morceau de parchemin :
Lancelot, leur annonça-t-il, salue le roi en l'appelant
son bon seigneur ; en homme tout entier à son commandement, il le remercie de l'honneur qu'il lui fit et de tous
ses bienfaits. Qu'on le sache avec certitude : il est en
parfaite santé auprès du roi Arthur et il mande à la
reine, comme à messire Gauvain et à Keu, de prendre
sans tarder le chemin du retour, si elle y consent. La
lettre contenait d'assez bonnes enseignes pour qu'on la
crût, ce qui advint.

La nouvelle causa bien du contentement. La cour
s'emplit d'un brouhaha de joie. Les exilés ne taisent
pas leur intention de s'en aller le lendemain au point
du jour. Aussi dès l'aube ils se disposent à partir. Vite
ils furent debout, puis en selle et en route. Allègrement
le roi les escorta une grande partie de leur chemin. Il
les accompagna jusqu'aux confins de son royaume.
Une fois franchie la limite, il fait ses adieux à la reine
et ensuite à tous les partants. Elle en prenant congé
le remercie avec les mots qu'il faut de tous ses bons
offices. Elle lui jette autour du cou les bras, elle lui
fait ses offres de service au nom du roi son époux comme
au sien. Pouvait-elle promettre un plus digne loyer ?

Messire Gauvain, imité par Keu, puis par tous, s'engage aussi à lui comme envers un seigneur, comme envers un ami. Là-dessus ils poursuivent leur route. A nouveau le roi recommande à Dieu la reine et les deux chevaliers. Il adresse un dernier salut à tous leurs compagnons, et puis de son côté il s'en retourne.

Nul jour de la semaine entière il n'advint à la reine et aux gens qu'elle ramenait de faire longue halte. Enfin la cour apprend la nouvelle ah ! combien douce au roi Arthur que la reine approchait. Il sent aussi son cœur tout pénétré de joie à la pensée de son neveu. Il ne doutait pas que Gauvain n'eût obtenu en preux le retour de la reine et du sénéchal Keu et du menu peuple en exil. Mais il en va bien autrement qu'on ne croit à la cour. De tous ses habitants la cité se vida : ils allaient au-devant de ceux qui arrivaient. Chevalier ou vilain, chacun dit en les rencontrant :

« Bienvenue à messire Gauvain, qui nous a ramené la reine, a libéré mainte dame avec elle, et qui nous a rendu maint et maint prisonnier ! »

Mais Gauvain leur a répondu : « Seigneurs, vous me portez aux nues sans aucune raison. Il vous faut sur-le-champ arrêter vos louanges : la gloire de l'exploit ne me concerne pas. En me rendant honneur, vous me couvrez de honte : quand on m'a vu là-bas, tout était terminé. Ma trop grande lenteur a causé mon échec. C'est Lancelot qui vint à temps : le grand renom qu'il s'est acquis ne fut jamais atteint par aucun chevalier.

— Beau sire, où donc est-il, puisqu'il n'apparaît pas ici à vos côtés ?

— Où ? s'étonna messire Gauvain, mais à la cour de monseigneur le roi ! Ne s'y trouve-t-il pas ?

— Non, pour sûr, ni là ni autre part dans ce pays.
Depuis que madame la reine fut emmenée d'ici, nous
n'avons eu de lui pas la moindre nouvelle. »

Alors seulement messire Gauvain sut que la lettre
avait menti. On les avait par elle et trahis et dupés.
Maintenant les voilà replongés dans le deuil. Ils viennent
à la cour en montrant leur douleur. Le roi sans plus
tarder tient à savoir tout ce qui s'est passé. Il ne manqua
pas de gens informés pour lui raconter comment Lancelot
avait bien travaillé, comment il avait par son bras
repris la reine et les autres captifs, par quelle trahison
le nain l'avait ôté à ses amis. Le roi s'affligea fort de ce
méchef. Mais la joie qu'il avait en revoyant la reine
faisait battre son cœur et vainquit sa tristesse. Puisqu'il a retrouvé l'être le plus aimé, il ressent pour le
reste une peine légère.

Dans le temps que la reine était loin du pays, les
dames et les demoiselles à qui manquait le secours
d'un époux tinrent conseil ensemble. Et toutes d'affirmer
qu'elles voudraient se marier sans trop attendre. Aussi
décida-t-on lors de cette entrevue d'organiser un grand
tournoi. La dame de Pomelegoi pour l'un des camps,
pour l'autre celle de Noauz prirent l'affaire en main.
Sur les mauvais jouteurs les belles garderont un silence
complet ; elles voudront en revanche à leur dire accorder leur amour aux vaillants. Elles feront annoncer
le tournoi par les terres voisines et par les lointaines
aussi. La date qu'on fixa ne fut pas rapprochée pour
qu'il y eût encore plus de monde.

Pendant que ce délai courait, la reine revint au pays.

Dès que son retour fut connu, les demoiselles à marier, toutes ou peu s'en faut, se mirent en chemin pour se rendre à la cour, et une fois devant le roi, les voilà en train de le harceler pour qu'il leur donne un don et consente à leur vœu. Avant même qu'il sût ce qu'elles souhaitaient, il assura qu'il ferait leur vouloir. Elles voulaient, entendit-il alors, qu'il laissât madame la reine aller voir leur tournoi. En souverain qui n'aimait guère à refuser, il jugea fort bon leur projet, s'il plaisait à la reine. Enchantées de ce oui, elles vont la trouver et lui disent sans préambule :

« Madame, ne nous reprenez pas le don que nous a fait le roi.

— Mais de quoi s'agit-il ? leur demande la reine, il ne faut pas me le cacher.

— Si vous voulez venir, dame, à notre tournoi, il ne cherchera pas à vous en empêcher. Il n'entend pas vous contrarier. »

La reine déclara qu'elle irait au tournoi, puisque le roi le permettait. Les demoiselles aussitôt envoient des messagers par toutes les contrées qui relevaient de la couronne et font savoir qu'au jour annoncé du tournoi elles amèneraient la reine. Au loin, auprès, ici, là-bas, la nouvelle en tous lieux s'en alla. Elle voyagea tant qu'elle se répandit à travers le royaume d'où nul n'avait coutume auparavant de revenir — mais pour lors y entrait, en sortait qui voulait, en toute liberté — ; de bouche en bouche elle arriva chez un sénéchal de Méléagant, le félon que le feu de l'enfer devrait bien consumer. Ce sénéchal tenait Lancelot sous sa garde : son manoir était la prison où Méléagant avait mis celui qu'il haïssait en ennemi mortel. Dès l'heure où le captif sut la nouvelle et le jour du tournoi, il eut souvent les yeux mouillés de pleurs et la joie déserta son cœur. La dame du manoir le vit triste et troublé. Aussi lui parla-t-elle en secret de la sorte :

« Sire, pour Dieu et sur votre âme, dites-moi franchement pourquoi vous êtes si changé. Vous ne buvez ni ne mangez ; jamais je ne vous vois ou rire ou plaisanter. Vous pouvez sans péril m'avouer la raison de tout votre tourment.

— Madame, hélas ! ne vous étonnez pas, si je suis attristé. Oui, je me sens dans l'affliction, puisque je ne pourrai me trouver à l'endroit où l'on verra la parure du monde, à ce tournoi où se rassemblera un peuple entier, me semble-t-il. Pourtant, s'il vous plaisait de m'y laisser aller et si Dieu vous rendait généreuse à ce point, soyez bien assurée que je me conduirais à votre égard avec assez de loyauté pour revenir ici, de nouveau prisonnier.

— Vraiment, je le ferais sans hésiter si je n'y voyais pas la perte de ma vie. Je ne l'oserais pas, car je crains beaucoup trop le vil Méléagant, qui est notre seigneur : ce serait à coup sûr la mort pour mon mari. Ne soyez pas surpris si j'ai grand-peur de lui ; vous connaissez fort bien toute sa cruauté.

— Dame, redoutez-vous qu'une fois les joutes cessées je ne retourne pas dans ma prison, chez vous ? De moi vous aurez un serment que je saurai tenir : rien ne m'empêchera de revenir en prisonnier dans ce manoir aussitôt après le tournoi.

— Hé bien ! j'en suis d'accord, à une condition.

— Laquelle, dame ?

— Sire, vous allez me jurer de revenir, et, de plus, vous me garantirez que j'aurai votre amour.

— Dame, à coup sûr, tout celui dont je puis disposer, je vous le donne à mon retour.

— Me voilà bien nantie ! fait la dame en riant. A ce que je crois, vous avez remis et confié à une autre l'amour dont je vous ai prié. Cependant si je puis en avoir tant soit peu, je prends ce rien, sans nul dédain. Je me contenterai de ce qui m'est offert, mais vous devrez me jurer que vous me montrerez une franchise entière en revenant ici comme mon prisonnier. »

Lancelot fait sur la sainte Église le serment de retourner sans faute, ainsi que le voulait la dame. Elle s'empresse alors de lui donner armure, écu vermeils, et beau cheval, puissant et hardi à merveille : le tout appartenait à son mari. Lancelot monte en selle et le voilà parti sous une armure magnifique, ayant l'éclat du neuf. D'une étape à une autre, il parvint à Noauz. Il se mit dans ce camp et se logea hors de la ville. Jamais un homme de ce prix n'eut si méchant hôtel, si exigu et si bas de plafond ; mais il ne voulait pas être hébergé dans un endroit où l'on eût pu le reconnaître.

Chevaliers d'élite à foison s'entassaient au château. Il s'en trouvait pourtant bien plus à l'extérieur, car pour la reine ils étaient venus si nombreux qu'un cinquième d'entre eux ne put s'installer sous un toit. Oui, sept contre un n'auraient pas été là sans la présence de la reine. Tentes et huttes de ramée abritaient les barons au moins sur cinq lieues à la ronde. C'était merveille aussi que de voir affluer dames et gentes demoiselles.

Lancelot avait pendu son écu à l'huis de son logis, du côté de la rue. Pour mieux se délasser, il avait ôté son armure et restait couché sur un lit qui ne l'enchantait guère avec son étroitesse et la minceur du matelas couvert d'un grossier drap de chanvre. Comme il se

reposait ainsi sur ce grabat, voilà que survint en chemise
un franc vaurien, un héraut d'armes : il avait laissé
sa cotte en gage à la taverne avec ses souliers et son
bas-de-chausses. Il s'avançait nu-pieds à toute allure
en s'exposant au vent. Il remarqua l'écu sur le devant
de l'huis et se prit à l'examiner. Mais il lui fallut s'avouer
qu'il ignorait tout de cet écu et de son possesseur. Qui
donc devait porter pareilles armoiries ? Il s'aperçut
que l'huis était entrebâillé : d'entrer dans la maison
et de voir Lancelot allongé sur le lit ! Du premier coup
d'œil il le reconnut et fit le signe de la croix. Mais Lancelot fixa son regard sur l'intrus et il lui enjoignit de
rester en tous lieux muet à son sujet : s'il ne tient pas
sa langue, il vaudrait mieux pour lui s'être arraché
les yeux ou disloqué le col.

« Sire, pour vous, fait le héraut, j'ai eu et j'ai toujours
une très haute estime. Aussi longtemps que je vivrai,
on ne me paiera pas assez pour que je fasse rien dont
vous deviez me savoir mauvais gré. »

D'un bond il sort de la maison et poursuit son chemin
en criant à tue-tête :

« Il est venu, celui qui aunera ! Il est venu, celui qui
aunera ! »

Le drôle ne cessait de pousser sa clameur. Les gens,
de tous côtés, s'élancent au dehors. « Que signifie ce
cri ? » lui demande-t-on. Il n'est pas si hardi qu'il veuille
l'expliquer, mais il s'éloigne en répétant les mêmes
mots. Sachez qu'on dit alors pour la première fois :
« Il est venu, celui qui aunera ! » Ce héraut fut pour nous
comme un maître d'école ; il nous apprit cette façon
de dire : elle sortit tout d'abord de sa bouche.

Que de groupes déjà sont rassemblés, la reine avec

toutes les dames, des chevaliers avec tous leurs suivants, car les sergents surgissaient de partout, à droite comme à gauche ! Sur le terrain choisi pour le tournoi, on avait élevé une grande tribune en bois où se tiendraient la reine, les dames et les demoiselles. Jamais encore on n'avait vu de tribune aussi belle, aussi longue, aussi bien construite.

Le lendemain c'est là qu'après la reine se sont rendues les spectatrices au complet. Qui d'elles ne voudra regarder le tournoi et juger du meilleur ou du pire à la joute ? Et voici qu'arrivent les chevaliers, dix par dix, vingt par vingt, et puis trente à la fois, quatre-vingts d'un côté, quatre-vingt-dix de l'autre, enfin cent, par ici davantage et deux fois plus par là ! Si vaste est leur rassemblement devant la tribune et tout alentour que la mêlée s'engage. Avec ou sans armure ils entrent dans la lice. Les lances ressemblaient à un grand bois, car ceux qui entendaient en tirer du plaisir en font tant apporter qu'il n'apparaissait plus que hampes où flottaient gonfanons et bannières. Les jouteurs pour la joute élancent leurs chevaux : ils trouvent aisément des émules nombreux, venus dans la même intention. Les autres à leur tour se préparaient pour accomplir eux aussi des exploits. Prairies, friches, labours, tout est si bien rempli qu'on ne saurait compter les chevaliers. Pourtant il manquait Lancelot à ce premier assaut. Mais dès qu'il s'avança par la prairie, le héraut ne put s'empêcher de crier en l'apercevant : « Voyez celui qui aunera ! Voyez celui qui aunera ! » On lui demande en vain : « Qui donc est-il ? » Notre homme sur ce point veut garder bouche close.

A peine Lancelot entré dans la mêlée, il en vaut à lui seul vingt parmi les meilleurs. Il se met à jouter si

vaillamment que nul ne réussit à détourner les yeux
de lui, où qu'il se trouve. Il y avait dans le camp de
Pomelegoi un chevalier très preux. Il montait un cheval
bondissant et mieux courant qu'un cerf de lande. Il
était fils du roi d'Irlande : il se comportait brillamment,
mais tous aimaient quatre fois plus le chevalier qui leur
reste inconnu. Chacun demande avec une fiévreuse
ardeur : « Comment savoir le nom de ce parfait joueur ? »

La reine tire à part une demoiselle avisée et lui dit :

« Demoiselle, il vous faut vous charger d'un message.
Il tient en peu de mots et vous le ferez vite. Descendez
de cette tribune et allez-moi jusqu'à ce chevalier qui
porte cet écu vermeil. Vous lui direz tout bas ceci que
je lui mande : *Au plus mal.* »

En messagère adroite et prompte elle accomplit
le souhait de la reine. Elle s'en va droit vers le chevalier,
le suit et ne tarde pas trop à parvenir tout près de lui.
La fine mouche alors lui chuchota en évitant que l'enten-
dît quelque oreille voisine :

─« Sire, madame la reine vous mande par ma bouche :
Au plus mal. »

A ces mots, il lui répondit qu'il obéirait volontiers,
en homme tout acquis au vouloir de la reine. Il part
aussitôt à fond de train contre un chevalier et manque
absurdement son coup. De ce moment jusqu'à la nuit
tombante, il ne cessa de se conduire autant qu'il put
en piètre combattant, puisque la reine en avait le désir.
L'adversaire, attaquant à son tour, ne commit pas
d'erreur, mais il lui porte un rude coup et de sa lance
appuie très roidement sur lui. Alors Lancelot prend la
fuite. Il ne tourna plus ce jour-là le col de son destrier
vers quelque chevalier. A aucun prix, il n'aurait plus

rien fait qui ne lui parût bon à le couvrir de honte.
Il fait semblant d'avoir grand-peur de tous les allants
et venants. Les chevaliers, qui l'admiraient d'abord,
se rient de lui, en font leurs gorges chaudes, et le héraut
qui aimait répéter : « C'est lui qui les vaincra l'un après
l'autre tous » a la mine allongée et l'esprit en déroute.
C'est un assaut de railleries à ses oreilles :

« Tu n'as plus qu'à te taire, ami. Ton favori a bien
fini d'auner. Il a auné avec tant d'énergie qu'elle est
maintenant en morceaux, son aune célébrée tellement
par ta voix. »

Et la plupart disent entre eux :

« Que signifie cela ? Tout à l'heure il était le vaillant
des vaillants, il n'est plus désormais qu'une poule mouil-
lée : il n'ose pas attendre un seul des chevaliers. Peut-
être a-t-il tout d'abord excellé du fait qu'il n'a jamais
pratiqué le métier des armes : voilà pourquoi, d'entrée
de jeu, il attaqua si fort qu'il n'était pas de chevalier,
expert autant qu'on veut, pour rivaliser avec lui, car
il frappait comme un extravagant. Son apprentissage
à présent l'a trop instruit pour que durant son exis-
tence il ait jamais envie de revêtir l'armure. Blanchir
sous le harnois est trop dur pour son cœur : c'est le plus
franc couard du monde. »

La reine pour sa part est loin d'être fâchée : elle se
sent au sommet de la joie, car elle est bien certaine,
et n'en dit mot pourtant, que ce chevalier-là se nomme
Lancelot. Ainsi jusqu'à la fin du jour il se fit prendre
pour un lâche. Puis la nuit en tombant sépara les jouteurs. Alors il s'éleva un grand débat : lesquels d'entre
eux étaient apparus les meilleurs ? Le fils du roi d'Irlande
est bien d'avis qu'il mérite à lui seul le prix de la valeur,

sans conteste possible, en quoi il se trompait de vilaine façon, car plus d'un l'avait égalé. Le chevalier vermeil obtint lui-même un grand succès auprès des plus nobles beautés, dames et demoiselles ; ce fut au point qu'à nul autant qu'à lui n'étaient allés leurs vœux durant cette journée. Elles avaient bien vu comme il s'était montré preux et hardi en commençant ; ensuite, à l'opposé, il s'était transformé en poltron : il n'osait tenir tête à aucun chevalier, mais n'importe quel pleutre aurait pu, s'il avait voulu, le renverser et faire un prisonnier de lui. Du moins il parut bon à toutes et à tous de revenir le lendemain au tournoi ; il va de soi que les demoiselles prendront pour maris ceux qui remporteront l'honneur de la journée : tel était leur dire et leur plan. Là-dessus chacun regagna son hôtel.

Alors un peu partout il se trouva des gens pour entamer leurs médisances :

« Où est le plus poltron des chevaliers, le dernier des derniers, digne de tout mépris ? Où s'en est-il allé ? Où donc s'est-il tapi ? Où le chercher, où le trouver ? Peut-être n'aurons-nous plus jamais à le voir, car Lâcheté l'a fait s'enfuir : il a d'elle emporté dans ses bras une si lourde part qu'il n'est pas sur la terre un plus lâche que lui. Il n'a pas tort : un lâche après tout s'octroie du bon temps mille fois plus que ne le fait un preux, un combattant. Lâcheté, n'est-ce pas une dame cossue ? Aussi lui a-t-il donné un baiser en signe de concorde et d'elle a-t-il emprunté sa substance. En vérité jamais Prouesse ne fut vile au point de se loger chez lui ni de siéger à son côté. C'est Lâcheté qui s'est réfugiée dans son cœur ; elle a trouvé en lui un hôte qui l'adore et la sert avec tant de foi que pour mieux l'honorer il perd tout son honneur. »

Ainsi le soir entier jacassent méchamment ces bavards qui s'enrouent à force de médire. Mais tel s'acharne à parler mal d'autrui qui est loin de valoir celui qu'il blâme et qu'il méprise. Enfin chacun se livre aux propos de son goût.

Quand le jour reparut, tout le monde fut prêt et revint au tournoi. La reine de nouveau se tint dans la tribune avec les dames et les demoiselles. De nombreux chevaliers, qui ne joutèrent pas, leur firent compagnie : ils étaient prisonniers sur leur parole ou bien s'étaient croisés. Ils décrivaient aux beautés qui les entouraient les blasons des vaillants qu'ils estimaient le plus :

« Voyez-vous, disent-ils à l'envi, voyez-vous ce chevalier avec ce rouge écu traversé au milieu par cette bande couleur d'or ? C'est Governal de Roberdic. Et voyez-vous après celui qui côte à côte a mis sur son écu une aigle et un dragon ? C'est le fils du roi d'Aragon : il est venu dans ce pays pour conquérir honneur et renommée. Et son voisin, le voyez-vous, celui qui s'élance au galop et qui joute si bien ? Il porte écu parti et de vert et d'azur, avec un léopard qui est peint sur le vert. C'est le galant Ignaure, aimable et amoureux, traînant tous les cœurs après soi. Et cet autre à l'écu où sont peints ces faisans bec à bec ? C'est Coguillant de Mautirec. Et ces deux-là, non loin de lui, sur leurs destriers pommelés ? On voit des lions gris sur l'or de leurs écus. L'un a pour nom Sémiramis ; l'autre est son compagnon fidèle : aussi leurs écus sont pareils et de figure et de couleur. Remarquez-vous celui qui a sur son écu l'image d'une porte ? On croirait vrai qu'un cerf en sort. Hé bien ! c'est là le roi Yder. »

Ainsi du haut de la tribune ils font une revue des tournoyeurs.

« On fabriqua, poursuivent-ils, cet écu à Limoges ;
Pilade l'en a rapporté : d'une ardeur sans rivale il brûle
à tout instant de se jeter dans la mêlée. Cet autre écu
vient de Toulouse avec tout le harnais : c'est Keu d'Es-
tral qui là-bas l'acheta. Cet autre sort des ateliers de
Lyon sur le Rhône : en est-il un meilleur sous la voûte
du ciel ? Pour un très grand service ainsi récompensé,
Taulas de la Déserte en cadeau le reçut ; il connaît l'art
de le porter et de s'en faire un abri sûr. Quant à cet autre
écu, beau travail d'Angleterre, il est venu de Londres ;
vous voyez sur lui ces deux hirondelles : on dirait qu'elles
sont tout près de s'envoler, mais elles restent sans
bouger sous maints coups des épées en acier poitevin.
C'est le jeune Thoas qui porte cet écu. »

Voilà comment ils décrivaient les blasons des jouteurs
qui leur étaient connus. Par contre ils ne voient pas
du tout celui qui s'était attiré tellement leur mépris ;
il s'est esquivé, pensent-ils, puisqu'il s'abstient de
prendre part à la mêlée. La reine elle non plus ne l'aperçoit d'aucun côté : aussi eut-elle envie d'envoyer à
travers les rangs quelqu'un pour le chercher et le trouver. Peut-elle faire un meilleur choix qu'en confiant
ce soin à cette messagère allée la veille d'elle à lui ?
Elle l'appela sur-le-champ et lui dit :

« Demoiselle, allez donc monter sur votre palefroi.
Je vous envoie au chevalier d'hier. Vous le chercherez,
vous le trouverez. Que rien ne vous retarde ! A nouveau
dites-lui sans plus qu'il se conduise encore : *Au plus
mal*. Et quand vous l'en aurez instruit, écoutez bien
ce qu'il vous répondra. »

La demoiselle obéit sans délai : la veille au soir elle
avait fait bien attention à observer de quel côté repar-

tirait le chevalier, car elle avait l'intime conviction qu'elle serait encore envoyée vers lui. Entre les rangs elle sut se guider et aperçut enfin celui qu'elle cherchait. Bien vite elle s'en va lui répéter tout bas que de nouveau il combatte : *Au plus mal,* si de la reine il veut avoir les bonnes grâces ; voilà ce qui lui est mandé.

Il répondit :

« Qu'elle en soit remerciée, puisque tel est son ordre. »

La demoiselle se sauva. Une huée monta soudain : valets, sergents et écuyers criaient tous à la fois :

« Miracle ! venez voir l'homme aux armes vermeilles. C'est qu'il est revenu ! Mais à quoi est-il bon ? Il n'y a pas au monde un être aussi vil et couard, digne autant de mépris. La lâcheté le gouverne si bien qu'il ne peut rien contre elle. »

La demoiselle est retournée près de la reine. Celle-ci ne lui laissa pas un instant de répit avant d'avoir entendu la réponse où son cœur a puisé une bien grande joie, car elle sait maintenant à coup sûr que le chevalier de là-bas n'est autre que celui à qui elle appartient entièrement et qui lui appartient, à elle, tout entier.

« Revenez vite sur vos pas, commande-t-elle à la pucelle, et dites-lui que cette fois, tels sont mon ordre et ma prière, il se comporte : *Au mieux, tant qu'il pourra.*

— J'y vais, répond la messagère, et sans vouloir la moindre trêve. »

Elle descend de la tribune et rejoint son valet qui l'attendait en lui gardant son palefroi. Elle se met en selle et s'en va de nouveau trouver le chevalier.

« Sire, lui dit-elle aussitôt, ma dame cette fois vous mande : *Au mieux que vous pourrez.*

— Vous lui direz, répondit-il, qu'il n'est point de

conduite importune à mes vœux, dès l'instant que
j'agis à son gré, car tout ce qui lui plaît me contente
le cœur. »

La demoiselle alors ne mit pas de lenteur à porter
cet autre message : elle se doutait bien qu'il charme-
rait la reine. Au plus droit qu'elle put, elle revint vers
la tribune. En la voyant, la reine s'est dressée. Elle
s'avance à sa rencontre : elle évita pourtant d'accourir
jusqu'en bas et l'attendit au sommet des degrés. La
demoiselle approche, habile à s'acquitter bien à souhait
de son message : elle commence à monter l'escalier,
puis la voici venue à côté de la reine.

« Madame, lui dit-elle, je n'ai jamais vu chevalier au
cœur si complaisant, car tout ce que vous lui mandez,
il est si religieux à vouloir l'accomplir — désirez-vous
la vérité ? — qu'il reçoit du même air et tient en même
estime et le bien et le mal.

— Par ma foi, dit la reine, il se peut qu'il en soit
ainsi. »

Elle revint devant la baie pour regarder les chevaliers.
Lancelot n'attend plus : tout brûlant de montrer pleinement sa prouesse, il saisit son écu par les énarmes.
Il fait tourner du bon côté l'encolure de son cheval et
le lance entre deux rangs de combattants. Ils s'émer-
veilleront avant longtemps, ceux à qui par sa feinte
il a donné le change : ils ont passé à se moquer de lui
une bonne partie du jour et de la nuit ; oui, des heures
durant, ils n'ont cessé de s'amuser à ses dépens. Parti
l'écu au poing de l'autre camp, le fils du roi d'Irlande,
à bride abattue, pique des deux contre lui. Ils se heurtent
l'un l'autre, et soudain l'assaillant perd l'envie de jouter :
sa lance a volé en éclats, car il n'a pas frappé sur de la
mousse, mais sur les lames d'un écu en bois dur et bien

sec. Lancelot lui apprit dans cette joute un de ses coups de maître : il lui appliqua l'écu sur le bras, lui serra le bras contre le côté, puis l'envoya rouler à terre. En un clin d'œil des chevaliers s'élancent des deux camps, donnent de l'éperon : les uns cherchent à dégager le malchanceux et les autres à l'accabler. Les premiers croient venir en aide à leur seigneur : pour la plupart, ils vident les arçons dans la fureur de la mêlée. Cependant messire Gauvain qui se trouvait dans le camp de Noauz se tint tout ce jour-là complètement hors de la joute ; il avait un si grand plaisir à regarder les hauts faits du vaillant qui portait l'armure teinte de sinople que ceux des autres chevaliers lui semblaient sans éclat : ils pâlissaient au prix des siens. Quant au héraut, il s'en donne à cœur joie et s'écrie d'une voix que l'on entend partout :

« Il est venu, celui qui aunera ! C'est aujourd'hui que vous verrez ce qu'il fera ! C'est aujourd'hui que sa vaillance apparaîtra ! »

Le preux fait prendre à son cheval une nouvelle direction et s'élance au galop sur un chevalier des plus distingués : il lui porte un tel coup que de cent pieds au moins il l'envoie sur le sol loin de son destrier. Il se met ensuite à jouer si bien et de la lance et de l'épée que tous les spectateurs sont à la fête en le voyant. Même entre les jouteurs plus d'un savoure aussi une joie toute pure : c'est un régal de voir comment il renverse à la fois chevaux et chevaliers. De ceux qu'il assaille, il en est bien peu qui demeurent en selle. Et puis il donne à qui les veut tous les chevaux qu'il gagne. Aussi ses daubeurs de naguère avouent-ils leur erreur :

« Nous voilà honnis, nous voilà perdus ! Nous avons

eu grand tort de le mettre si bas. Vraiment il égale
à lui seul un millier des vaillants qui ne manquent point
dans ce champ. Oui, il a surpassé les chevaliers du
monde entier. Aucun ne peut se comparer à lui. »

Tout en le regardant avec des yeux émerveillés,
les demoiselles se disaient que l'espoir s'envolait de
l'avoir pour mari. Elles n'osaient pas se fier à leur beauté,
à leur richesse, à la splendeur de leur haute naissance
au point de se flatter que ce chevalier daignerait épouser
l'une d'elles pour ses attraits et sa fortune : il était
en effet de trop grande valeur. Presque toutes pourtant
se lient par de tels vœux que s'il ne leur advient, décla-
rent-elles, de se marier avec lui, adieu le mariage, adieu
tout mari dans l'année. La reine en écoutant ces propos
fanfarons retient un ris moqueur : elle sait que celui
qui leur plaît à chacune ignorerait et la plus noble et
la plus belle, eût-elle à lui offrir tout l'or de l'Arabie
entassé devant lui. En ce commun vouloir chacune
rêverait de le garder pour elle et contre sa voisine a
de la jalousie, tout comme si déjà il était son mari.
Ne le voient-elles pas si adroit à jouter qu'à leur avis,
tant il était leur préféré, nul autre chevalier ne pourrait
accomplir de semblables exploits ?

Il se montra si valeureux qu'à la fin du tournoi on
affirma dans les deux camps sans risque de mentir
que le chevalier à l'écu vermeil n'avait pas trouvé de
rival. Et cette vérité fut dans toutes les bouches. Mais
alors dans la foule, au plus épais, il laissa tomber son
écu avec sa lance et la housse de son cheval. Ensuite
il prit le large à toute allure. Il s'éloigna si bien à la
dérobée que nul ne s'en aperçut. Une fois en chemin,
il galopa tout droit pour tenir son serment vers le manoir
d'où il était venu.

Cependant tous cherchaient, réclamaient le vainqueur. Mais il a disparu ! Il se hâtait de fuir, ne tenant point à être reconnu. Les chevaliers en sont fort contristés : comme ils le fêteraient, s'ils l'avaient avec eux ! Mais s'ils se désolaient de son brusque départ, les demoiselles bien plus qu'eux en eurent le cœur gros, quand elles surent la nouvelle : par saint Jean, disent-elles, ce n'est pas dans l'année qu'elles se marieront ; puisque celui qu'elles voulaient leur échappait, elles rendaient leur liberté à tous les autres. Ainsi le tournoi s'acheva sans qu'une seule eût trouvé de mari.

Lancelot ne s'attarde pas ; vite il revient vers sa prison. Or deux jours ou trois avant son retour, le séné- chal qui l'avait sous sa garde rentra chez lui et demanda où il était. La dame à son mari ne cacha pas la vérité : oui, elle avait donné au prisonnier du sénéchal son armure vermeille en si parfait état, et puis tout son harnois, son destrier aussi ; elle avoua comment elle avait envoyé Lancelot prendre part au tournoi de Noauz.

« Ah ! madame, dit le sénéchal, vous n'auriez pu agir d'une pire manière : il m'en arrivera, je crois, bien du malheur, car Méléagant, mon seigneur, me traitera plus mal que si j'étais un naufragé tombé aux mains de ce géant qui répand la terreur à l'entour du Mont- Saint-Michel. Il me faudra mourir dans les tourments dès qu'il saura ce que vous avez fait. Il n'aura pas pitié de moi.

— Gardez votre sang-froid, beau sire. Vous n'avez nul besoin d'éprouver tant de peur. Rien ne peut retenir Lancelot loin d'ici, car il m'a juré sur les reliques des saints qu'il reviendrait au plus tôt qu'il pourrait. »

Le sénéchal est prompt à remonter en selle : il va voir son seigneur et le met au courant de ce coup si fâcheux, mais le rassure fort en lui disant comment sa femme avait reçu de Lancelot le serment qu'il retournerait dans sa prison.

« Il respectera son serment, répond Méléagant, je le sais bien ; pourtant je regrette beaucoup ce qu'a fait votre femme ; à aucun prix je n'aurais voulu qu'il se rendît à ce tournoi. Mais repartez, n'attendez pas, et que dès son retour Lancelot soit détenu comme il faut pour qu'il ne sorte pas de sa prison et qu'il ne puisse plus disposer de lui-même. Et hâtez-vous de m'avertir.

— Sire, il en sera fait comme vous l'ordonnez. »

Le sénéchal s'en va et retrouve chez lui Lancelot de retour et de nouveau captif. Un messager envoyé à Méléagant par le plus court chemin refait la course en sens inverse et lui apprend que Lancelot est revenu. Aussitôt qu'il le sut, le félon rassembla maçons et charpentiers, empressés de lui obéir, les uns à leur corps défendant, les autres de bon gré. Il manda les meilleurs du pays, puis il leur enjoignit de bâtir une tour : que par un travail acharné ils tirent la pierre du sol et que bientôt la tour s'achève au bord des flots ! En effet près de Gorre un large bras de mer entoure une île : Méléagant la connaissait bien. C'est là que sur son ordre on prit la pierre et le merrain pour construire la tour. En moins de cinquante-sept jours elle fut terminée, très haute, énorme, avec des murs épais. Alors Méléagant y fit conduire et mettre Lancelot. Puis il commanda de murer les portes et força tous les maçons à jurer

que jamais dans leur vie ils ne souffleraient mot de cette
tour. Il voulait ainsi qu'elle fût ignorée. Pour ouverture
il ne resta qu'une étroite fenêtre. Voilà où Lancelot
fut obligé de vivre. On lui donnait de quoi manger,
bien chichement, par la fenêtre que l'on sait, comme
l'avait prescrit le scélérat pétri de perfidie.

Méléagant pour l'heure a fait ce qu'il voulait. Là-
dessus il se rend droit à la cour du roi Arthur. Dès qu'il
fut devant lui, sur un ton arrogant il lui parla ainsi :

« Roi, j'ai juré de livrer bataille en ta présence et dans
ta cour ; mais je n'y vois pas Lancelot, lui qui s'est
engagé à lutter contre moi. Cependant je lui fais mon
offre de combat, comme c'est mon devoir, devant tous
ceux qui sont à m'écouter. S'il est ici, qu'il s'avance
donc et se déclare prêt à me tenir parole en votre cour
au bout d'un an à compter d'aujourd'hui. Je ne sais
si jamais l'on vous a dit comment fut décidée cette
bataille, mais je remarque ici des chevaliers qui se trouvaient présents quand l'accord fut conclu et qui pourraient vous renseigner, s'il leur plaisait de confesser
la vérité. Si pourtant Lancelot veut me désavouer,
je n'aurai pas recours au bras d'un mercenaire et je
saurai tout seul lui démontrer son tort. »

La reine assise auprès du roi se hasarde à lui dire en
l'attirant à elle :

« Sire, connaissez-vous cet insolent ? C'est Méléagant,
qui me fit sa captive, alors que m'escortait Keu le sénéchal : il lui causa beaucoup de honte et de souffrance.

— Madame, lui répond le roi, je l'ai fort bien compris : je sais parfaitement qu'il s'agit de celui qui rete-
nait mon peuple dans l'exil. »

La reine alors demeura sans rien dire et le roi se tourna
vers Méléagant avec ces mots :

« Ami, j'en atteste Dieu, de Lancelot nous sommes sans nouvelle, et c'est notre tourment.

— Sire roi, répliqua Méléagant, Lancelot m'avait dit que je le trouverais certainement ici. Je ne dois pas lui réclamer cette bataille ailleurs qu'en votre cour. Je veux que tous ces barons-ci m'en soient témoins : je le somme aujourd'hui de me tenir dans un an sa promesse en vertu de l'accord accepté de nous deux le jour où nous avons résolu de nous battre. »

Alors messire Gauvain se leva. Pareille sommation n'était pas de son goût.

« Sire, dit-il, Lancelot ne se trouve en nul endroit de ce pays, mais nous le ferons rechercher et nous le trouverons, s'il plaît à Dieu, avant qu'une année ne s'écoule, à moins qu'il ne soit mort ou gardé en prison. S'il ne reparaît pas, accordez-moi cette bataille et je lutterai contre vous ; je serai sous l'armure à sa place au jour dit, s'il n'est pas revenu.

— Ah ! ah ! beau sire roi, répond Méléagant, pour Dieu ! ne lui refusez pas cette bataille : à son souhait ma prière se joint, car je ne connais pas au monde un chevalier, excepté Lancelot, avec qui j'aimerais autant me mesurer. Mais soyez bien certain que si l'un de ces deux ne combat contre moi, je n'irai pas jusqu'à vouloir de quelque autre en échange. »

Le roi consent à leur combat, si Lancelot ne revient pas dans le délai voulu. Méléagant quitte aussitôt la cour et se rend d'une traite auprès du roi Baudemagus son père. Il afficha en sa présence un air tout glorieux pour bien montrer qu'il était un vaillant du plus rare mérite. A Bade sa cité, en ce jour anniversaire de sa naissance, Baudemagus tenait cour plénière et joyeuse. Une foule innombrable et diverse de gens l'avait accompagné. Dans la salle de son château se pressaient chevaliers et demoiselles. Parmi elles s'en trouvait une — elle était la sœur de Méléagant — dont je vous conterai plus loin quel rôle j'entends lui faire jouer. Mais je n'en dis pas plus, car si j'allais en parler maintenant, je ferais tort à mon récit. Je ne veux pas qu'il soit difforme et de travers ; je veux qu'il suive un bon, un droit chemin.

Pour l'heure apprenez seulement que peu après son arrivée Méléagant fit retentir sa voix devant toute la cour en s'adressant de la sorte à son père :

« Mon père, s'il vous plaît, répondez-moi franchement, de par Dieu : n'a-t-il pas lieu d'être content et n'a-t-il pas quelque valeur celui qui par son bras se fait craindre à la cour du roi Arthur ? »

Son père sans tarder répond à sa question :

« Mon fils, tous les vaillants doivent servir et honorer, avoir aussi pour compagnon, qui a pu mériter cette marque d'estime. »

Il flatte son orgueil, l'invite à ne plus lui cacher pourquoi il a parlé ainsi ; qu'il dise donc ce qu'il souhaite et d'où il vient !

« Sire, continua Méléagant, je ne sais pas si vous vous souvenez des termes de l'accord qui par vos soins nous fit cesser notre bataille, à Lancelot et moi ; il nous fut dit alors devant nombre de gens, vous ne l'avez pas oublié, je crois, que nous devions tous deux dans le délai d'un an après ma sommation être à la cour d'Arthur prêts à nous battre de nouveau. Je m'y suis rendu en temps voulu, tout disposé à respecter l'engagement qui me faisait venir. Je me suis conduit comme

il le fallait : j'ai demandé, réclamé Lancelot contre
qui j'avais à lutter. Mais je n'ai pu le retrouver : il s'est
enfui, il se tient à l'écart. Alors je ne m'en suis pas retourné
sans une garantie : si Lancelot n'est plus vivant ou ne
reparaît pas dans le délai fixé, on ne remettra pas la
bataille à plus tard, Gauvain me l'a juré, mais lui-même
à sa place avec moi combattra. Arthur n'a point de
chevalier qu'on vante autant que lui, tout le monde
le sait. Mais avant que ne soient refleuris les sureaux,
je verrai bien si la réalité s'accorde à ce renom, pourvu
que l'on en vienne à l'échange des coups. Ah ! je voudrais que ce fût dans l'instant.

— Mon fils, voici que tu te fais juger à bon droit
pour un fou. Tel qui auparavant ignorait ta folie en est
instruit maintenant par ta bouche. On dit bien vrai :
qui a la bonté dans le cœur consent à s'humilier, mais
l'insensé bouffi d'orgueil ne guérira jamais. Je pense
à toi, mon fils, en prononçant ces mots : tes instincts
ne sont rien que dureté, que cruauté, sans le moindre
levain de clémence et d'amour. Ton cœur est trop fermé
à la pitié ; tu es trop enflammé par l'aveugle fureur.
Voilà pourquoi je t'estime si peu ; voilà ce qui fera
ta vilenie et ton malheur. As-tu de la vaillance ? Il
ne manquera pas de gens qui le témoigneront au moment
qu'il faudra. Un preux n'a pas besoin de louanger son
bras pour donner plus de lustre à ce qu'il accomplit.
L'exploit parle tout seul. L'éloge que tu fais de toi
ne t'aide en rien à augmenter ton prix, mais à mes
yeux le diminue beaucoup. Mon fils, je te fais la leçon ;
mais n'est-ce pas en vain ? Ce qu'on dit à un fou n'a
que bien peu d'effet. On ne parvient qu'à s'épuiser en
efforts superflus quand on veut délivrer le fou de sa
folie. A quoi bon conseiller, expliquer la sagesse à qui

s'abstient de la mettre en pratique ? A peine l'a-t-on enseignée qu'elle s'évanouit. »

Alors Méléagant fut hors de lui. Non, jamais un mortel ne se montra plus ivre de fureur. La paille fut rompue dans cet accès de rage ; il perdit tout respect en répondant comme il fit à son père.

« Rêvez-vous en dormant ou bien délirez-vous lorsque vous prétendez que j'ai l'esprit troublé pour la simple raison que je vous entretiens de ce qui fait ma vie ? Je croyais bien venir à vous comme à mon père et mon seigneur. Mais d'après l'apparence il n'en va pas ainsi, puisque vous m'insultez, vous me mettez plus bas qu'il ne convient, me semble-t-il. Sauriez-vous seulement m'expliquer pourquoi vous avez pris ce ton ?

— Oh ! je le sais fort bien.

— Quel est donc ce pourquoi selon vous ?

— Il est que je ne vois en toi que rage et que folie. Je connais bien ton mauvais cœur ; il sera de nouveau cause de ton malheur. Maudit soit qui pourra jamais penser que Lancelot, ce parfait chevalier, que tu es seul à ne pas honorer, ait pris la fuite en ayant peur de toi ! Mais peut-être déjà n'est-il plus de ce monde ou bien est-il gardé entre les murs d'une prison dont la porte est si bien fermée qu'il ne peut en sortir sans le congé de son geôlier. J'en aurais à coup sûr une extrême douleur s'il était mort ou subissait un lamentable sort. Ah ! que l'on y perdrait, si cet être d'élite unissant la beauté à la vaillance et la modération avait bien trop tôt disparu ! Mais plaise à Dieu qu'il n'en soit rien ! »

Après ces mots Baudemagus resta silencieux. Mais sa fille avait tout entendu. C'était la demoiselle, apprenez-le, dont j'ai parlé un peu plus haut. Elle eut le cœur serré en écoutant ce qu'on disait de Lancelot. Elle com-

prit fort bien qu'on le tenait captif dans un endroit
secret, puisque d'aucun côté on ne trouvait sa trace.

« Que je sois damnée, pensa-t-elle, si je prends quelque
trêve avant que j'aie de lui des nouvelles certaines ! »

Sans s'accorder aucun délai, elle courut en tapi-
nois monter sur une mule au poil luisant et beau, à
l'allure très douce. Elle ne sut en partant de la cour
de quel côté se diriger. Ne sachant rien, ne s'enqué-
rant de rien, elle entre dans le premier chemin qu'elle
voit, et puis à l'aventure elle s'en va bon train sans
compagnie de chevalier ni de sergent. Elle se hâte et
désire âprement venir vite à bout de son dessein. Quelle
ardeur elle met dans ce pourchas ! Mais il ne sera pas
terminé de sitôt. Il ne faut pas qu'elle songe au repos
ni qu'elle s'arrête longtemps, si elle veut mener à bonne
fin son entreprise : arracher Lancelot de sa prison,
pourvu qu'elle se trouve à même de le faire. Avant qu'elle
y parvienne et sache rien de lui, je crois bien qu'elle
aura exploré en tous sens mainte et mainte contrée.
Mais à quoi servirait de raconter ses haltes pour la nuit
et ses longues journées ? Elle eut beau emprunter mille
et mille chemins, après un grand mois écoulé, elle en
sut juste autant, ni plus ni moins, qu'auparavant :
le tout n'était qu'un pur néant.

Un jour qu'en traversant un champ elle avançait
morne et pensive, elle aperçut dans le lointain, sur
un rivage, au bord d'un bras de mer, une tour solitaire :
aucune autre demeure, hutte ou manoir, une lieue à
la ronde. C'était la tour où Méléagant avait enfermé
Lancelot. La demoiselle l'ignorait. Mais à peine l'eut-elle
vue qu'elle ne put ensuite en détourner les yeux. Son
cœur lui donne un ferme espoir qu'elle a trouvé enfin
ce qu'elle a tant cherché. Maintenant sa quête s'achève :

Fortune l'a menée droit vers son but après l'avoir si longtemps égarée.

La demoiselle approche, elle arrive à la tour. Elle tend l'oreille en la contournant et met à écouter toute son attention : elle entendra peut-être un signe de vie qui lui rendrait la joie. Arrêtant ses regards sur le pied de la tour, puis les portant vers le sommet, elle mesure ainsi sa masse et sa hauteur. Ce qui l'intrigue fort, c'est de ne voir ni d'huis ni de fenêtre, excepté une, étroite et basse. Cette tour aux murs droits qui montaient vers le ciel n'avait non plus d'échelle ou d'escalier. Aussi la demoiselle croit que cette étrangeté répond à un dessein et que Lancelot est prisonnier là. Mais elle saura bien si c'est la vérité ou non avant qu'elle consente à manger tant soit peu. Elle allait appeler Lancelot par son nom, mais elle se retint et garda le silence : elle entendait quelqu'un qui se lamentait dans la tour et ne voulait rien de plus que la mort. Celui qui se désespérait et qui tenait sa vie en pauvre estime exprimait ainsi sa douleur d'une voix faible et rauque :

« Ah ! que ta roue, Fortune, a laidement tourné pour moi ! J'étais à son sommet, et je suis maintenant dévalé tout au bas. A ma félicité succède un mauvais sort. Ton regard m'est lugubre, avant tu me riais. Malheureux que je suis ! Pourquoi m'être fié à elle, attendu que si vite elle m'a disgracié ? Ah ! comme en peu de temps, du plus haut au plus bas, elle a précipité ma chute ! Fortune, en te jouant de moi, tu commis un forfait. Mais que t'importe à toi ? Le cours de nos destins ne te soucie en rien. Ah ! sainte Croix, ah ! saint Esprit, comme ma perte est assurée ! Gauvain, vous dont le mérite est si grand, qui n'avez pas votre égal en vail-

lance, ah ! je me demande avec stupeur pourquoi vous
ne venez à mon secours. Vraiment, vous tardez beaucoup
trop. Renoncez-vous à votre courtoisie ? Celui dont
vous étiez un si fidèle ami aurait bien droit à recevoir
votre aide. Oui, de ce côté-ci de la mer et de l'autre,
il n'est point de lieu écarté, de retraite cachée où je
n'irais pour vous chercher pendant dix ans au moins
jusqu'au moment où je vous trouverais, si je savais
qu'on vous retient captif. Mais à quoi bon tout ce débat ?
Je ne compte pas assez à vos yeux pour que vous consen-
tiez à vous mettre en peine de moi. Le vilain dit en son
proverbe avec raison que trouver un ami n'est jamais
chose aisée ; c'est dans l'adversité que l'on est bien
placé pour éprouver le véritable ami. Hélas ! plus d'un
an est passé depuis que cette tour me retient prisonnier.
Ah ! Gauvain, je trouve indigne de vous que vous m'ayez
laissé dans pareil abandon. Mais si mon infortune est
ignorée de vous, il se pourrait que je vous blâme à tort.
Oui, j'en conviens : j'ai commis envers vous une grande
injustice en vous croyant insensible à mon sort, car
je suis bien certain que rien sous la voûte du ciel n'aurait
pu empêcher vos compagnons et vous de venir m'arracher au malheur où je suis, si vous aviez connu la vérité.
Au surplus l'amitié qui nous unit vous en aurait fait
un devoir : voilà ma vraie pensée quand je parle de vous.
Mais que puis-je espérer ? Ah ! qu'il soit maudit de
tous les saints, celui qui me condamne à cette ignominie, et que Dieu lui inflige un destin mérité ! C'est
d'entre les mortels le plus pervers qui soit, Méléagant :
il m'a fait par envie tout le mal qu'il a pu. »

Celui dont la vie se passe à souffrir suspend sa plainte
à cet instant. Mais celle qui en bas prolongeait son attente
avait tout entendu. Sachant que maintenant elle par-

vient au but, elle ne tarde plus et lance au prisonnier
l'appel qui convenait.

« Lancelot, s'écrie-t-elle à tue-tête, ami, vous qui
êtes là-haut, veuillez répondre à une amie à vous. »

Mais lui n'entendit rien. Alors elle haussa de plus
en plus la voix, si bien qu'il l'entr'ouït dans sa langueur
extrême. Qui peut donc l'avoir appelé ? s'étonna-t-il.
La voix vient jusqu'à lui, mais il ne sait de qui. Il se
croit le jouet de quelque illusion. Il porte ses regards
partout autour de lui. Quelqu'un serait-il là ? Mais
non, il est bien seul entre les quatre murs.

« Dieu, fait-il, quelle est donc cette voix qui frappe
mon oreille ? J'entends qu'on parle et je ne vois personne ! En vérité, c'est plus que fabuleux. Pourtant
je ne dors pas, j'ai les yeux bien ouverts. Si j'étais visité
par un songe en dormant, je ne croirais peut-être à rien
de plus qu'un pur mensonge. Mais je suis éveillé ; aussi
quel émoi je ressens ! »

Alors non sans peine il se lève et peu à peu il se rap-
proche, à pas faibles et lents, de l'étroite ouverture.
Arrivé là, il s'y appuie en essayant de voir ou vers le
haut, ou vers le bas, droit devant lui, puis de côté.
Après avoir porté ses regards au dehors, il épie de son
mieux et voit alors celle qui l'a huché. Il ne sait qui
elle est, du moins il l'aperçoit. Mais elle pour sa part
l'eut vite reconnu.

« Lancelot, lui dit-elle, je suis venue de loin pour
vous trouver. La chose est faite à l'heure qu'il est, Dieu
merci. C'est moi qui vous ai demandé un don quand
vous vous en alliez vers le Pont de l'Épée. Vous m'avez
de tout cœur accordé ce que je souhaitais de vous :
la tête du vaincu, du chevalier que j'abhorrais. Je vous
la fis trancher. En loyer de ce don et de cette faveur,

j'ai affronté pour vous une pénible épreuve et je vous mettrai hors de cette tour.

— Demoiselle, soyez remerciée, répond le prisonnier ; je serai bien récompensé du service rendu, si grâce à vous je sors d'ici. Ah ! qu'il en aille ainsi, et je vous garantis, par l'apôtre saint Paul, que je vous resterai à jamais tout acquis. Oui, j'en atteste Dieu, je ferai chaque jour tous vos commandements. Demandez-moi tout ce que vous voudrez : sur-le-champ vous l'aurez, autant qu'il dépendra de moi.

— Ami, ne craignez rien : vous serez bel et bien arraché à votre prison. Aujourd'hui de nouveau vous connaîtrez la liberté. A aucun prix je ne renoncerais à vous voir délivré avant que luise un autre jour. Après vous aurez par mes soins un tranquille séjour et beaucoup de bien-être. Aurai-je rien qui vous fasse plaisir ? Vous l'obtiendrez à votre gré. Ne vous tourmentez pas. Mais d'abord il me faut rechercher en ces lieux, n'importe où, quelque outil qui vous permettrait, si je puis le trouver, d'élargir la fenêtre et de sortir par là.

— Que Dieu vous le fasse trouver ! lui répond Lancelot bien d'accord avec elle. Ici j'ai de la corde en quantité, à moi donnée par les sergents pour monter mes repas, un pain d'orge très dur, une eau sans pureté, qui soulève le cœur et qui me rend tout languissant. »

La fille de Baudemagus se met alors en quête et trouve un pic solide, aussi massif qu'aigu. Elle eut tôt fait d'en munir Lancelot. Il frappe avec ardeur, il enfonce le mur, non sans des efforts épuisants, ouvre enfin une issue par où il sort avec aisance. Ah ! de quel poids il se sent allégé, quelle ivresse de joie, maintenant qu'il se voit tiré de sa prison, qu'il n'est plus arrêté par les murs qui longtemps le gardèrent cloîtré ! L'espace est devant lui, il respire l'air libre. On lui aurait offert tout l'or du monde en un seul tas qu'il n'aurait pas voulu retourner dans sa geôle.

Voici donc Lancelot échappé de la tour. Il chancelait cependant de faiblesse. Avec douceur, en évitant de lui faire mal, la demoiselle sur sa mule a su le mettre devant elle. Ensuite ils s'éloignent bien vite. Mais elle prend exprès des chemins détournés, craignant les regards indiscrets. Ils s'en vont à la dérobée : s'ils ne se cachaient pas, qui les reconnaîtrait pourrait fort promptement leur causer bien du tort. La demoiselle en aurait du dépit. Aussi passe-t-elle à l'écart des endroits dangereux. Elle atteignit enfin certain manoir où elle aimait se rendre et séjourner, car il offrait agrément et beauté. Tout le monde était là soumis à son vouloir. On y trouvait aussi abondance, air salubre et retraite assurée. A peine Lancelot y fut-il arrivé, la demoiselle après l'avoir déshabillé le fit douillettement coucher dans un lit haut et somptueux. Puis ce furent des bains et tant de soins que je ne pourrais pas en dire la moitié. En le palpant, en le massant d'une main douce, avec un dévouement qu'on aurait cru filial, elle parvint à le remettre en son état d'avant et fit même de lui comme un être nouveau. Sur ses traits se répand une grâce angélique. Il n'a plus l'air d'un malheureux que dévore la gale et que ronge la faim. Il a repris sa force et sa beauté. Il est debout hors de son lit.

La demoiselle avait cherché pour lui une robe de chevalier, la plus belle au manoir, et l'en pourvut à son lever. En la vêtant il se sentit plus léger dans sa joie qu'un oiseau dans son vol. Il embrassa la demoiselle et puis il lui dit gentiment :

« Amie, c'est vous seule avec Dieu que je remercie

de mon retour à la santé. Vous m'avez arraché à ma prison. Aussi à votre gré vous pouvez disposer, corps et
âme, de moi, et de mon assistance, et de tout ce que
j'ai. Vous m'avez tant donné que je suis tout à vous.
Pourtant voici longtemps que l'on ne m'a point vu à
la cour d'Arthur, mon seigneur, qui m'a toujours honoré
grandement. J'aurais là-bas belle besogne à faire. Ma
douce et noble amie, puis-je vous en prier ? Faites-
moi la faveur de me laisser partir. J'aimerais bien,
s'il vous plaisait, me rendre à cette cour.

— Lancelot, beau doux ami, j'y consens. Je n'ai
pour but que votre honneur et votre bien, où que ce
soit. »

Elle lui fait cadeau d'un cheval merveilleux, sans
pareil dans le monde. Il bondit dessus de plein saut,
brûlant la politesse aux étriers. En un clin d'œil il se
trouva en selle. Alors d'un cœur sincère ils se recomman-
dent l'un l'autre à Dieu qui jamais n'est menteur.

Lancelot s'est mis en chemin. Comment vous donner
quelque idée de la joie qu'il avait d'être ainsi échappé
du piège où il était tombé ? Mais maintenant il se dit
bien souvent qu'en l'enfermant dans sa prison le traître
indigne de sa race a travaillé à son propre malheur ;
le voilà digne de risée, victime de sa ruse. « Oui, malgré
lui, je suis en liberté », répète le héros. Il jure par Celui
qui créa l'univers qu'il n'est aucun trésor de Babylone
à Gand pour lequel il voudrait laisser en vie Méléagant,
s'il l'avait devant lui et qu'il en fût vainqueur. Le félon
l'a trop outragé !

Mais par un heureux sort il lui sera bientôt permis de

se venger, car ce Méléagant qu'il menace et déjà qu'il
serre de si près était venu à la cour ce jour-là, sans
que personne l'eût mandé. Aussitôt arrivé, il demanda
Gauvain et obtint de le voir. Alors le scélérat fieffé
s'enquit à lui de Lancelot : l'avait-on enfin retrouvé ?
Comme s'il n'était informé de rien ! En fait, il ne savait
pas tout, mais il se jugeait très bien renseigné. Gauvain
lui répond franchement qu'il n'a pas revu Lancelot et
qu'on l'attend toujours.

« Eh bien ! lui dit Méléagant, puisque vous, je vous
trouve ici, venez et tenez-moi votre parole ; je ne veux
pas attendre plus longtemps.

— S'il plaît à Dieu en qui je crois, lui répliqua Gauvain, dans peu je ferai face à mes engagements. Je
compte bien m'acquitter envers vous. Mais si comme
aux dés nous jouons à qui amènera le plus de points et
que la chance tourne en ma faveur, par Dieu et sainte
Foi, je n'aurai pas de cesse avant d'avoir raflé la somme
des enjeux. »

Alors Gauvain ordonne sur-le-champ qu'on étende
un tapis devant lui. A la fois prompts et de sang-froid,
les écuyers à son commandement lui font sans maugréer
la besogne voulue. Ils placent le tapis à l'endroit qu'il
a désigné. Il ne tarde pas à bondir dessus et demande
qu'on l'arme aux valets qu'il voit là sans manteau.
Ils étaient trois, ses cousins ou bien ses neveux, je ne
sais trop, tous fort experts et bien stylés. Ils l'ont au
mieux vêtu de son armure : on n'aurait pu leur reprocher
la moindre erreur dans le détail de leur service. Ensuite
l'un d'entre eux va lui chercher et lui amène un destrier
d'Espagne plus rapide en sa course à travers champs
et bois, et par monts et par vaux, que ne fut le vaillant
Bucéphale. Voilà sur quel pur-sang monta le chevalier

de grand renom, Gauvain, le mieux appris de ceux
sur qui l'on fit jamais le signe de la croix.

Il allait déjà saisir son écu lorsqu'il vit Lancelot devant
lui descendre de cheval. Il était loin de s'y attendre.
Il restait bouche bée en regardant celui qui tout soudain
arrivait à la cour. Il ne s'émerveillait pas moins que
si le disparu était à ce moment chu du ciel à ses pieds.
Mais dès qu'il comprend bien que son ami est là, rien
ne l'empêche plus de sauter à son tour à bas de sa monture : il va vers lui les bras tendus, le salue et l'embrasse.
Ah ! quel bonheur il a de retrouver son compagnon !
Je vous dis vrai, n'en doutez pas : il aurait sur-le-champ
refusé la couronne, au cas où cet honneur l'aurait privé
de lui.

Déjà le roi et tous autour de lui savent que Lancelot,
lui qu'on a si longtemps attendu, est maintenant revenu
sain et sauf, n'en déplaise à certains. L'allégresse est
partout. Pour le fêter, la cour entière se rassemble après
l'avoir longuement espéré. Jeunes et vieux manifestent
leur joie. Elle dissipe la douleur qui régnait là auparavant.
La tristesse s'envole et laisse le champ libre à la gaieté
dont l'appel de nouveau entraîne tous les cœurs. La reine
cependant se tient-elle à l'écart de ces transports de
joie ? Mais non, elle est au premier rang. Vous vous
en étonnez ? Grand Dieu, où pourrait-elle se trouver ?
Rien ne la contenta jamais autant que cet heureux
retour, et loin de Lancelot elle serait restée ? Elle est
en vérité si près de lui que d'un peu plus son corps
suivrait son cœur. Où donc le cœur est-il allé ? Il donne
à Lancelot caresses et baisers. Alors pourquoi le corps
cache-t-il son vouloir ? A-t-elle une joie imparfaite où
s'insinuent l'amertume et la haine ? En aucune façon.
Mais le roi et plus d'un dans cette compagnie ont les

yeux bien ouverts et pourraient vite apercevoir le mystère d'amour si le corps acceptait d'accomplir devant eux la volonté du cœur. Sans la raison qui la soustrait à cet emportement, la reine trahirait, ô comble de folie ! le secret de son âme. Aussi la raison maîtrise son cœur, son souhait insensés. Elle retrouve un peu de jugement et se résigne à un délai : guettant l'occasion, elle attendra de voir un endroit favorable et plus dérobé aux regards où mieux qu'à ce moment ils pourront aborder au havre désiré.

Le roi accorde à Lancelot bien des marques d'honneur, puis il lui dit après ce chaleureux accueil :

« Ami, depuis longtemps je ne me suis à ce point réjoui d'apprendre des nouvelles de quelqu'un ; mais je me demande en vain dans quel pays vous avez tellement demeuré. Durant l'hiver, durant l'été, je vous ai fait chercher partout ; jamais l'on n'a pu vous trouver.

— Hé bien ! je puis vous dire en peu de mots ce qui m'est arrivé, beau sire. Méléagant le déloyal m'a tenu en prison depuis le jour où les captifs exilés dans sa terre ont été libérés. J'ai mené grâce à lui une vie misérable dans une tour, sur le rivage de la mer. C'est là qu'il m'a fait enfermer. J'y subirais toujours un sort très rigoureux sans une amie à moi, certaine demoiselle à qui j'avais rendu un bien léger service. Elle m'a largement récompensé de mon menu présent. Elle m'a prodigué les égards et les soins. Quant à celui que je ne puis aimer et de qui j'ai reçu ce traitement honteux, j'aspire à lui payer son dû sans le moindre retard. Il est venu le réclamer : il l'aura donc. Il ne faut pas qu'il se morfonde plus longtemps, puisque le voilà prêt.

Moi aussi, je suis prêt. Dieu veuille qu'il n'ait pas à s'en féliciter ! »

Lors Gauvain dit à Lancelot :

« Ami, si je paie votre dette à votre créancier, je n'aurai pas grand mérite à le faire. Et puis je suis déjà en selle et tout prêt au combat, comme vous le voyez. Beau doux ami, ne me refusez pas cette faveur : j'insiste pour l'avoir.

— Ah ! plutôt me laisser arracher les deux yeux, lui répond Lancelot, que si vous parveniez à me persuader. Je vous fais le serment que rien de tel n'arrivera. J'ai une dette envers Méléagant ; je le rembourserai. Je lui ai donné ma parole. »

Gauvain voit bien que tous ses arguments n'auraient aucun effet. Il ôte son haubert et toute son armure. Aussitôt Lancelot s'en revêt. Jamais, lui semble-t-il, cette heure ne viendra où il aura acquitté sa promesse et réglé tous les comptes. Loin de lui tout plaisir tant que Méléagant n'aura pas eu satisfaction ! Le fourbe est si frappé d'étonnement en voyant un spectacle incroyable pour lui que d'un peu plus il perdrait la raison.

« Oui, se dit-il, avant que de venir ici, quel sot je fus de ne pas aller voir si je tenais toujours prisonnier dans ma tour celui qui maintenant s'est bien joué de moi ! Mais pourquoi, grand Dieu ! y serais-je allé ? Comment aurais-je cru qu'il pourrait en sortir ? Les murs n'en sont-ils pas solidement bâtis ? La tour n'est-elle pas assez haute et puissante ? Il n'y avait aucune issue qui lui permît de s'évader sans un secours apporté du dehors. Peut-être le secret ne fut-il pas gardé. Admettons que les murs trop vite délabrés aient croulé d'un seul coup : n'eût-il pas avec eux trouvé sa propre fin,

tous les membres rompus ? Oui, de par Dieu ! Sa chute
et son trépas se seraient confondus. Mais avant que ces
murs ne restent plus debout, je crois bien que la mer
n'aura plus une goutte d'eau et que sera venu le jugement dernier, à moins qu'en cédant à la force ils ne
soient abattus. Non, il en va tout autrement : il fut aidé
quand il s'est échappé. L'oiseau n'a pu qu'ainsi s'envoler de sa cage. Il me faut l'avouer, me voilà mal en point.
Par un moyen ou par un autre, il est en liberté. Que
n'ai-je pris toutes mes précautions en temps voulu !
Rien de pareil ne serait arrivé ; jamais dans cette cour
il n'aurait reparu. Mais je me repens bien trop tard.
Le vilain, ennemi des propos mensongers, exprime en
ce proverbe une constante vérité : il est trop tard pour
fermer l'écurie quand déjà le voleur a ravi le cheval.
Je sais bien qu'à présent je ne recueillerai que honte
et que risée, si je n'endure sans broncher de cruelles
épreuves. Quel sera cependant ce degré de souffrance ?
Enfin, aussi longtemps que je pourrai tenir, je mettrai
tout mon cœur à lutter contre lui, s'il plaît à Dieu,
en qui j'ai foi. »

Il retrempe ainsi son courage et ne demande rien de
plus que d'être avec son ennemi conduit sur le terrain.
Il n'attendra pas trop, je crois, car Lancelot, qui pense
bien le vaincre en peu de temps, brûle déjà de courir
l'attaquer. Mais avant qu'ils n'en viennent aux mains,
le roi leur dit d'aller tous les deux dans la lande au-dessous du donjon. On ne trouverait pas d'aussi belle étendue d'ici jusqu'en Irlande. Ils se sont rendus là sans
perdre un seul instant. Le roi les suit, avec toute la cour,
à flots pressés. Aux fenêtres aussi beaucoup de monde
vient, mainte gente pucelle et mainte belle dame accom-
pagnant la reine.

Il était dans la lande un sycomore : on n'aurait pu rêver pour lui plus de splendeur. Son feuillage étalé couvrait un large espace. Son pied s'environnait d'un frais gazon, verdoyant et toujours rajeuni. Sous ce beau sycomore au temps d'Abel planté, une source jaillit. Sur un fond de gravier à la blancheur d'argent son eau limpide est prompte à vouloir s'écouler. Elle s'enfuit par un conduit fait de l'or le plus pur et court au travers de la lande, entre deux bois, dans un vallon.

Le roi s'assoit près de la source, car il trouve l'endroit pleinement à son gré. Puis il ordonne aux gens de se mettre à l'écart. Aussitôt Lancelot fond sur Méléagant avec une fureur bien digne de sa haine. Avant de l'attaquer, il lui crie cependant d'une voix menaçante :

« Venez par là : je vous fais un défi et tenez pour certain que je ne voudrai pas vous épargner. »

Il éperonne alors son destrier et retourne en arrière à une portée d'arc pour prendre un peu de champ. Puis les deux combattants se précipitent l'un sur l'autre au plus grand galop des chevaux. De leurs lances bientôt ils ont heurté si fort leurs solides écus qu'ils les ont transpercés, mais sans s'atteindre dans leur chair lors de ce premier choc. Leur élan les emporte en un clin d'œil l'un au-delà de l'autre. Ensuite à fond de train les voilà repartis pour encore échanger de rudes coups sur leurs écus. Ils continuent, en vaillants chevaliers, à déployer leur énergie ; leurs destriers rivalisent aussi de force et de vitesse. Cependant à travers leurs écus leurs lances que n'ont pas brisées leurs assauts répétés sont parvenues à les blesser. Chacun d'une poussée terrible et réciproque a renversé son ennemi par terre. Étriers, sangle, courroies, rien ne put empêcher leur chute : il leur fallut vider leur selle et par-dessus les croupes des chevaux tomber sur le sol nu. Les coursiers fous de peur errent de tous côtés ; en ruant, en mordant, ils voudraient eux aussi s'entretuer.

Les chevaliers jetés à bas se sont bien vite relevés d'un bond. Ils tirent leurs épées où des devises sont gravées. L'écu à la hauteur de leur visage, ils pensent désormais au moyen le meilleur de se faire du mal avec l'acier tranchant. Lancelot n'avait pas la moindre crainte : il s'entendait deux fois plus que Méléagant à jouer de l'épée, car il avait appris cet art dans son enfance. Ils frappent tous les deux si bien sur leurs écus et sur leurs heaumes lamés d'or que les voilà fendus et bosselés. Mais Lancelot de plus en plus presse Méléagant : d'un coup puissant il tranche le bras droit pourtant bardé de fer que l'imprudent aventurait à découvert par-devant son écu. En se sentant si malmené, Méléagant se dit qu'il fera payer cher la main qu'il a perdue. Si par chance il le peut, il ne renoncera pour rien au monde à se venger. Il est presque insensé de rage et de douleur. Il s'estime bien peu, s'il n'a recours à quelque fourberie. Il fond sur l'adversaire en comptant le surprendre. Mais Lancelot se donne garde : avec sa bonne épée il lui fait promptement une certaine encoche, si bien qu'avril et mai seront passés avant que le félon répare cette brèche ; il le frappe en effet au nasal qu'il lui enfonce dans la bouche en lui brisant trois dents.

Dans sa souffrance et sa fureur Méléagant ne peut dire un seul mot. Il ne daigne non plus implorer la pitié, attendu que son cœur, en mauvais conseiller, l'enferme dans les rets de son aveugle orgueil. Son vainqueur vient sur lui : il délace son heaume et lui tranche la tête. Méléagant ne jouera plus de mauvais tour à Lancelot :

le voilà tombé mort. Je vous l'assure, aucun des spectateurs ne s'apitoie sur lui. Le roi et tous ceux qui sont là ne cachent pas leur allégresse. Alors les plus transportés de bonheur désarment Lancelot. Ensuite ils lui ont fait un cortège de joie.

*
* *

Seigneurs, si je prolongeais mon récit, je sortirais de mon sujet. C'est pourquoi je m'apprête à clore mon travail. Le conte trouve ici son plein achèvement. Godefroi de Leigni, le clerc, a terminé le CHEVALIER DE LA CHARRETTE. Que nul ne songe à le blâmer si plus loin que Chrétien il a poursuivi le sillon. Il ne le fit qu'avec l'accord de celui qui l'a précédé. Sa tâche a commencé alors que Lancelot vient d'être enfermé dans la tour ; elle n'a pas cessé avant le dénouement. Telle est sa part : il ne veut rien y ajouter, il ne veut rien en retrancher. Il craindrait autrement de déparer le conte.

GLOSSAIRE

———

ADOUBER, armer chevalier.

AMBLE, allure du cheval ou de toute autre monture qui avance en levant en même temps les deux jambes du même côté.

AVANT-PIED, probablement, petite bande d'étoffe prolongeant la chausse et protégeant le cou-de-pied ou le dessus du pied, en tout ou en partie, contre le frottement du soulier.

BIÈRE CHEVALERESSE, civière à longs brancards pouvant être portée par deux chevaux.

BLIAUT, robe ou tunique de dessus. Ce vêtement fait d'une riche étoffe et souvent garni de fourrure était porté par les chevaliers comme par les dames.

BRAND, lame de l'épée, épée.

BRETÈCHE, ouvrage avancé de fortification.

CHÂTEAU. Le mot désigne tantôt le château fort d'un roi ou d'un seigneur, tantôt la petite ville fortifiée groupée autour du château seigneurial.

CHAUSSES, partie du vêtement, en drap ou en soie, recouvrant les membres inférieurs ou pièce de l'armure, mailles d'acier protégeant les jambes et les pieds.

CISEMUS, peau d'un petit rongeur, mal identifié.

COIFFE, capuchon de mailles disposé sous le heaume ou calotte d'étoffe placée sous la coiffe de fer.

COTTE, sorte de tunique, moins élégante que le *bliaut,* portée par-dessus la chemise tant par les hommes que par les femmes.

DEMOISELLE, jeune fille ou jeune femme non mariée de naissance noble.

DÉSARMER, ôter à quelqu'un ses armes et, tout spéciale-ment, les pièces de son armure.

DESTRIER, cheval de bataille.

DEXTRE. *Mener en dextre,* conduire un destrier de la main droite.

DON. *Donner un don,* accorder une demande avant même d'en connaître l'objet.

ÉCARLATE, étoffe fine de laine ou de soie qui n'était pas nécessairement d'un rouge vif.

ÉNARMES, courroies où l'on passait la main et le bras pour tenir l'écu pendant le combat.

ESCOURGÉE, fouet fait de plusieurs lanières de cuir.

GUERDON, récompense en retour d'un service ou d'un don.

GUICHE (afr. *guige*), courroie par laquelle l'écu était sus-pendu au cou.

GUIMPE, pièce de toile blanche qui couvre les cheveux et une partie du visage.

HAUBERT, cotte de mailles.

HEAUME, sorte de casque élevé en pointe qui couvrait la tête et le haut du visage et se laçait avec des courroies de cuir.

HÉRAUT D'ARMES. Une des fonctions du *héraut d'armes* était d'annoncer les tournois, de régler les fêtes de che-valerie et de tenir registre des noms et des blasons des chevaliers.

HÔTEL, demeure, au sens général du mot, et, plus préci-sément, demeure où l'on reçoit l'hospitalité pour la nuit au cours d'un voyage.

LARGESSE, qualité de celui qui aime à donner.

Loges, galeries extérieures d'un château ou baie largement ouverte au sommet d'une tour.

Maisnie, gens d'une famille demeurant dans la même maison ou ensemble de ceux, parents, serviteurs, vassaux, etc., qui forment la « maison » d'un roi, d'un seigneur, d'une « dame » ou d'une « demoiselle ».

Nasal, partie du heaume qui protégeait le nez.

None, la neuvième heure, à partir de six heures du matin, ce qui par conséquent correspond à trois heures de l'après-midi, approximativement.

Palefroi, cheval pour la promenade ou le voyage et monture réservée presque toujours aux dames.

Panne, *Panne de l'écu,* partie supérieure de l'écu.

Perron, bloc de pierre, grosse pierre carrée.

Plessis, enclos, portion de forêt entourée d'une haie vive.

Prime, première heure de la journée, six heures du matin, approximativement.

Prud'homme, homme sage et loyal.

Pucelle, désigne le plus souvent, comme « demoiselle », une jeune fille de naissance noble.

Robe, vêtement d'homme ou de femme. *Robe de chevalier* désigne l'ensemble d'un costume de repos comprenant probablement « cotte », « surcot » et « mantel ».

Roncin, cheval de charge ou monture pour les valets et les écuyers.

Salle. Le mot désigne le plus souvent dans un château la grande salle où l'on prend les repas en commun et se donnent les réceptions et les fêtes.

Sergent, serviteur ou homme d'armes non noble, auxiliaire du chevalier.

Sinople. Le mot désignait au xiie siècle la couleur rouge et n'a indiqué la couleur verte en terme de blason qu'à partir du xive siècle.

VALET, jeune gentilhomme qui n'est pas encore chevalier.

VASSAL. Employé comme terme d'adresse, le mot devient péjoratif en dépit de son sens premier et noble, « gentilhomme qui relève d'un seigneur à cause d'un fief, combattant valeureux ».

VAVASSEUR, homme de petite noblesse, tenancier d'arrière-fief vivant modestement sur sa terre, personnage représenté le plus souvent dans les romans de chevalerie comme un modèle de prud'homie.

VENTAILLE, pièce de mailles qui relie la face antérieure de la coiffe au haubert et protège le bas du visage au-dessous du nez.

NOTES

P. 41.

Gorre (variante *Goirre*), nom du royaume de Baudemagus et de Méléagant, est vraisemblablement à identifier avec l'île de Voirre (Verre), pays comme Avalon de l'Autre Monde celtique. A la suite d'une fausse étymologie (cf. l'anglais *glass*), cette Ile de Verre s'est plus ou moins confondue avec Glastonbury dans le Somerset.

P. 54.

L'habitude médiévale, au moins jusqu'au XVe siècle, était de dormir nu. Le fait que la demoiselle garde sa chemise en se couchant dans le lit que Lancelot doit partager avec elle implique une réserve aussi plaisante qu'inattendue de sa part, comme si elle savait déjà que Lancelot ne succombera pas à la tentation charnelle, à moins que par coquetterie elle ne joue tardivement une comédie de la pudeur.

P. 56.

Logres, venu du gallois Lloegr ou Lloegyr, qui désignait la partie de l'Angleterre voisine du pays de Galles et, par extension, l'Angleterre en général, est le nom du royaume d'Arthur dans les romans bretons. La forme latinisée Loegria se trouve dans l'*Historia regum Britanniae* de Geoffroy de Monmouth.

P. 57.

« depuis le temps du géant Ysoré », c'est-à-dire « depuis un temps très ancien », « depuis l'invasion des Sarrasins ». Le géant Ysoré, roi païen, figure dans plusieurs chansons de geste, notamment dans le *Moniage Guillaume*.

P. 69.

La Dombes, région comprise aujourd'hui dans le département de l'Ain, était jadis une principauté.

P. 69.

Gauvain, le neveu du roi Arthur, et Yvain, le héros du *Chevalier au lion*, sont plus fameux que Leonés, autre chevalier de la Table Ronde.

P. 102.

« ... du baume aux trois Maries ». — D'après une croyance populaire attestée diversement dans des textes médiévaux assez nombreux, entre autres la *Mort Aimeri de Narbonne*, *Fierabras*, *La Continuation de Perceval* par Gerbert de Montreuil, les aromates achetés par « les trois Maries », Marie-Madeleine, Marie, mère de Jacques le Mineur, et Marie Salomé, pour embaumer le corps de Jésus (*Evangile selon saint Marc*, 16, 1) auraient fait partie des reliques de la Passion et constitué un remède miraculeux. Il se peut aussi qu'on ait appelé « oignement as trois Maries » un onguent considéré comme souverain ou peut-être un onguent fait avec les mêmes ingrédients que les aromates apportés pour la mise au tombeau : myrrhe et aloès, d'après l'*Evangile selon saint Jean* (19, 39), baume, encens, myrrhe, silaloë, aloès, d'après l'*Office du Saint Sépulcre ou de la Résurrection* (voir G. COHEN, *Anthologie du drame liturgique en France au Moyen Age*, Paris, Les Éditions du Cerf, 1955, p. 43).

P. 112.

Piramus. — Chrétien connaissait l'histoire tragique des amours de Pyrame et de Thisbé par Ovide (*Métamorphoses*, IV, v. 55 ss.) et par le poème français de *Piramus et Tisbé* qui date au plus tard du troisième quart du XIIe siècle.

P. 150.

« Il est venu, celui qui aunera ! » — Il faut comprendre : « Il est venu, celui qui vaincra tous les autres, il est arrivé, le vainqueur du tournoi. » *Auner*, « mesurer à l'aune », avait pris au figuré le sens de « donner des coups de bâton, frapper avec vigueur, rosser de la belle façon. » L'expression était proverbiale (voir *Proverbes français antérieurs au XVe siècle* édités par Joseph Morawski, *Les Classiques français du Moyen Age*, Paris, Champion, 1925, p. 57, n° 1555) et apparemment traditionnelle dans les tournois. Il n'y a pas lieu, semble-t-il, de retenir l'explication avancée par W. A. Nitze dans son article intitulé « *Or est venuz qui aunera* » : *A medieval dictum* (*Modern Language Notes*, LVI, 1941, pp. 405-409). A son avis le personnage représenté par *qui* serait la Mort et l'expression aurait proprement signifié : « Voici la Mort qui prendra la mesure de votre tombeau. » Cf. aussi Archer Taylor, « *Or est venuz qui aunera* » *and the English proverbial phrase* « *To take his measure* » (*ib.*, LXV, 1950, pp. 344-345). Le héraut d'armes verrait en Lancelot le futur vainqueur du tournoi par comparaison avec la Mort qui triomphe de tous et mesure l'espace que ses victimes doivent finalement occuper. En fait, cette interprétation ne se fonde que sur un exemple unique et tardif emprunté à la *Moralité de Charité* (*Anc. Th. fran.* III, 413) où il est assez évident que « Il est venu qui aunera », explicitement appliqué à la Mort, ne représente qu'un emploi figuré d'une expression technique de la langue des tournois.

P. 155.

« C'est le galant Ignaure... » — Ignaure est un personnage littéraire, héros d'un lai où sa brillante carrière de
Don Juan se termine de bien triste façon. Voir *Le lai
d'Ignaure ou lai du Prisonnier*, éd. par Rita Lejeune, Liège,
1938 et Maurice Delbouille, *Les « senhals » littéraires dési-
gnant Raimbaut d'Orange et la chronologie de ces témoi-
gnages*, dans *Cultura Neolatina*, XVII, 1957, pp. 59-64
(*Linhaura*).

P. 161.

« ... ce géant qui répand la terreur à l'entour du Mont-
Saint-Michel ». Je traduis de la sorte en adoptant l'interprétation possible avancée par M. Roques dans sa note
critique pour le vers 6074 de son édition (p. 225), car le
texte de Guiot donne seulement la leçon *li jaianz*, sans
autre précision. Une autre leçon, *li laganz*, préférée par
W. Foerster (voir sa note critique pour les vers 6094-6095
de son édition, pp. 417-418), n'est guère défendable. De
toute façon, la tradition manuscrite paraît altérée dans
ce passage. D'après la conjecture de M. Roques, il s'agirait
du géant Dinabuc vaincu par Arthur au Mont-Saint-Michel,
ainsi que le racontent Geoffroy de Monmouth dans l'*Historia regum Britanniae* (éd. Faral, chap. 165) et Wace dans
le *Brut* (éd. Arnold, *Société des Anciens Textes Français*,
t. II, v. 11279-11608).

P. 164.

Bade, cité de Baudemagus, roi de Gorre, n'est autre que
Bath, dans le Somerset.

Pp. 170 et 179.

« Le vilain dit en son proverbe... » — « Le vilain... exprime
en ce proverbe... »

Un recueil de « proverbes au vilain » fut composé, probablement vers 1175, par un clerc anonyme pour Phi-
lippe d'Alsace, comte de Flandre, à qui est dédié le *Conte*

du Graal. A. Tobler en a donné une édition : *Li proverbe au vilain. Die Sprichwörter des gemeinen Mannes, nach den bisher bekannten Hss.*, Leipzig, 1895.

P. 175.

« Il... demande qu'on l'arme aux valets qu'il voit là sans manteau. » Ces « valets », jeunes gens de famille noble, se trouvent en effet tout prêts à remplir le service demandé par Gauvain du fait qu'ils n'ont pas encore revêtu leur manteau, complément obligé du costume de cérémonie. Sur l'étiquette du manteau, voir les fines observations de Lucien FOULET dans *The Continuations of the Old French Perceval of Chrétien de Troyes edited by William Roach,* vol. III, part 2, *Glossary of the First Continuation* (Philadelphia, 1955), pp. 177-180.

TABLE

Joseph FLOCH, Maître-Imprimeur à Mayenne 17 -11 -1977, n° 6188